数字经济、区域创新与区域经济协调发展——理论与实证分析

杨颖梅　孙可欣　陈　妍　著

中国宇航出版社
·北京·

图书在版编目（CIP）数据

数字经济、区域创新与区域经济协调发展 ：理论与实证分析 / 杨颖梅，孙可欣，陈妍著. -- 北京 ：中国宇航出版社，2024. 5. -- ISBN 978-7-5159-2339-0

Ⅰ. F127

中国国家版本馆 CIP 数据核字第 2024MV0106 号

责任编辑　王杰琼　　　**封面设计**　王晓武

出　版
发　行　中国宇航出版社

社　址　北京市阜成路 8 号　**邮　编**　100830
(010)68768548

网　址　www.caphbook.com

经　销　新华书店

发行部　(010)68767386　(010)68371900
(010)68767382　(010)88100613（传真）

零售店　读者服务部
(010)68371105

承　印　北京中科印刷有限公司

版　次　2024 年 5 月第 1 版
2024 年 5 月第 1 次印刷

规　格　710 × 1000

开　本　1/16

印　张　16

字　数　207 千字

书　号　ISBN 978 - 7 - 5159 - 2339 - 0

定　价　68.00 元

本书如有印装质量问题，可与发行部联系调换

前言

PREFACE

在全球经济一体化和信息化的背景下，随着信息技术的飞速发展，数字经济已经成为推动经济发展的新动力，引领着经济发展方式的转变。区域创新能力是地区经济发展的重要动力，它反映了地区在知识创造、技术创新、制度创新等方面的综合实力。数字经济的发展为区域创新提供了新的机遇和挑战，一方面，数字技术的应用推动了传统产业的转型升级，促进了新产业、新业态、新模式的涌现，为区域创新提供了广阔的空间。另一方面，数字经济也加剧了地区间的竞争和合作，使得区域创新环境更加复杂多变。

区域经济协调发展是实现地区经济持续健康发展的重要保障，当人才、技术、资金和信息等创新要素在区域间自由流动时，它们对区域经济协调发展的影响是全方位且深远的。这些要素的流动不仅推动了资源的优化配置，使得资源能够更高效地服务于经济发展，同时也加强了地区间的经济联系，促进了知识、技术和信息的交流与共享。这种交流进一步推动了产业结构的升级和转型，使得区域经济更具活力和竞争力。

数字经济的发展不仅对区域创新能力有显著影响，而且对区域经济协调发展具有重要作用。数字经济的发展为区域经济协调发展提供了新的思路和途径，数字技术的运用，可以打破地区间的信息壁垒，促进资源的优化配置和流动，推动地区间产业的协同发展。同时，数字经济还可以进一步促进区域间创新要素的流动，加强人才交流和技术共享，增强地区间的经济联系和合作。因此，深入研究数字经济对区域创新能力和区域经济协调发展的影响机制，对于推动我国数字经济高质量发展和实现区域经济协调发展具有重要意义。

然而，当前数字经济对区域创新和区域经济协调发展的影响机制尚不完全清晰。虽然已有一些学者对此进行了初步的探索和研究，但仍然存在一些问题和不足。例如，现有的研究大多侧重于数字经济对经济增长的直接效应，而对其间接效应和传导机制的研究相对较少；同时，对数字经济与区域创新、区域经济协调发展之间的相互作用和相互影响的机理也缺乏深入的分析和探讨。

本书以数字经济为背景，围绕区域创新能力和区域经济协调发展展开研究。在梳理国内外研究的基础上，笔者对数字经济、区域创新、创新要素流动以及区域经济协调发展的相关概念进行了界定，并介绍了研究中涉及的相关理论。随后，重点分析了数字经济对区域创新能力、区域经济协调发展的影响机制。在影响机制分析中，主要围绕以下几个方面展开：一是数字经济对区域创新能力的基本影响机制，包括知识溢出促进产业集聚、提供更加透明的信息化市场、创新主体协同发展等方面的直接影响；二是数字经济对区域创新能力的非线性影响，即在不同的发展阶段和区域环境下，数字经济对区域创新的影响可能存在差异，其中包括数字经济发展到不同阶段和知识产权保护水平两个视角；三是数字经济对区域创新的空间溢出效应，即一个地区的数字经济发展如何影响周边地区的创新和经济发展；四是区域间创新要素流动对区域经济协调发展的影响，包括人才、资本、技术等要素的流动如何促进区域经济的均衡发展；五是数字经济对区域经济协调发展的影响，包括数字经济发展水平对区域经济协调发展的直接效应及以区域创新能力为中介变量的间接效应。经过分析，我们发现数字经济不仅通过提高企业生产技术水平、产业知识溢出、优化创新环境等直接路径推动区域创新能力的提升，还通过优化资源配置、促进技术溢出、提升区域创新能力等间接方式促进了区域经济的协调发展。此外，数字经济还能产生“虹吸效应”，影响邻近地区区域创新能力。

为了更深入地研究这些问题，本书构建了相应的指标体系，并采用了多种分析方法进行实证研究。通过面板数据模型、门限回归模型、空间计量模型等，揭示了数字经济对区域创新、区域间创新要素流动对区域经济协调发展以及数字经济对区域经济协调发展的具体影响机制和路径。同时，为确保研究结论的可靠性和有效性，本书还对研究结果进行了内生性和稳健性检验。

基于实证研究的结果，本书的最后部分提出了相应的政策建议。这些建议旨在促进数字经济的健康发展，推动区域创新能力的提升，同时加强区域经济的协调发展。本书的研究不仅具有重要的理论价值，也为实践提供了有益的指导。希望本书能为我国数字经济与区域创新、经济协调发展的政策制定和实践提供有益的参考，引起更多人对数字经济、区域创新和区域经济协调发展的关注和思考。

目录
CONTENTS

第1章　绪　论

1.1　研究背景与意义

1.1.1　研究背景

在全球范围内，数字经济正在成为推动经济增长、促进创新和提升竞争力的重要力量。我国将数字经济作为国家战略，积极推动其快速发展，以应对全球经济格局的变化和挑战。“数字经济”一词，于2017年首次出现在国务院政府工作报告中，并在随后的2018—2022年，连续五年在政府工作报告中得到强调。其间，政府相继提出了“数字中国建设”“壮大数字经济”“打造数字经济新优势”“加快数字化发展，建设数字中国”“促进数字经济发展，加强数字中国建设整体布局”等一系列战略。2022年6月，在金砖国家工商论坛的开幕式上，习近平总书记强调，新一轮科技革命和产业变革正在重构全球创新版图、重塑全球经济结构。我们必须推动互联网、大数据、人工智能等现代信息技术与实体经济的深度融合，进一步壮大数字经济。党的二十大报告进一步明确指出，要加快发展数字经济，促进数字经济和实体经济深度融合，打造具有国际竞争力的数字产业集群。

随着“数字中国建设”以及网络强国战略的深入推进，我国的数字经济正展现出全面发展的态势，发展势头强劲且迅猛。中国信息通信研究院的研究数据显示，2022 年我国数字经济规模达到 50.2 万亿元，同比增长 10.3%，数字经济占 GDP 比重相当于第二产业占国民经济的比重，达到 41.5%。预计到 2025 年，我国数字经济规模有望达到 70.8 万亿元。随着经济稳步增长，我国整体创新能力得到提升，数字经济助推区域创新能力已成为国家发展战略。我国高度重视区域创新能力建设，出台了《中共中央 国务院关于深化体制机制改革加快实施创新驱动发展战略的若干意见》和《国家创新驱动发展战略纲要》等文件，强调了区域创新的重要性，并提出了构建各具特色的区域创新体系，推动区域创新能力的提升。党的二十大报告再次强调，必须坚持守正创新，只有创新才能把握时代、引领时代，坚持创新在我国现代化建设全局中的核心地位，完善科技创新体系、加快实施创新驱动发展战略。

目前，我国经济正由高速增长阶段进入高质量发展阶段，在这一转变过程中，数字经济正成为推动经济转型升级的重要引擎。新发展阶段中我国经济逐渐步入新常态，人口、资源、市场化等取得红利的优势正在逐渐消失，经济发展的基本动力从要素投资驱动转向创新驱动[1]。党的十九大报告指出，中国特色社会主义进入新时代，我国社会主要矛盾已经转化为人民日益增长的美好生活需要和不平衡不充分的发展之间的矛盾。其中，区域经济发展不协调是不平衡不充分发展的重要表现之一。因此，当前我国面临的一个重要任务是实现区域经济的协调发展。同时，党的十九大报告将区域协调发展战略列为决胜全面建成小康社会、开启全面建设社会主义现代化国家新征程的七大战略之一。

创新是经济发展的第一动力，是中国构建新发展格局、实现高质量发展的必由之路。创新要素是经济发展的核心资源，包括支持创新活动所需的各种生产要素，是实现经济高质量发展的核心战略要素之一，主要包括创新人才和创新资本等。一方面，由于许多因素限制了传统要素的规模驱动，经济增长越来越需要依赖技术进步和人力资本，我国经济转型必然选择转向创新驱动。从当前全国经济的发展趋势来看，为适应经济发展新常态、加快建设现代化经济体系，我国经济需要由高速增长阶段转向以科技创新为主要驱动力的协调发展阶段。另一方面，随着创新的广度不断增加，单个地区的创新能力已经不能满足其在日益激烈的市场竞争中的发展需求。所以，创新要素的流动可以产生技术和知识等在区域间的溢出效应，从而促进要素在区域间的优化配置，提高区域创新效率，达到协同创新、共同发展，构建协调的区域经济布局。

然而，数字经济的发展存在不均衡现象，各地区之间的发展差距较大，这使得区域创新能力和区域经济协调发展面临严峻挑战。我国区域内部的创新要素分布和创新要素内部结构不均。从区域经济的角度来看，创新要素的分布具有明显的集聚特征，不同地区的差距十分明显，这在一定程度上阻碍了创新要素的流动性，降低了创新要素的利用率。为了实现区域经济协调发展，必须有效提高创新要素的配置效率，优化人才资源配置，充分发挥创新要素的潜力。在市场主体和各大区域争夺相对有限的创新资源时，创新要素如果能够遵循市场规律、实现合理高效的流动，将会发挥其最大的效用，不断提高创新能力和水平，推动经济社会高质量协调发展。

为了促进区域经济的协调发展，我国政府出台了区域振兴规划和区域协调发展等相关文件，提出了区域协调发展的目标和政策措施，强调要缩小区域发展差距，推动区域经济的均衡发展。通过各省市2024年政府计划报告可以看出，数字经济规模较大的区域正在充分发挥龙头作用，有效带动、联动其他区域的数字经济发展，这将促进数字经济地域性的融合。各地在数字经济发展实践中坚持科技创新和产业创新联动，围绕产业链部署创新链并取得明显成效，数字经济已经成为提升区域创新能级、加快推进自主创新和新旧动能转换的“加速器”[2]。正如国家发展改革委、国家数据局印发的《数字经济促进共同富裕实施方案》提出的，要通过数字化手段促进解决发展不平衡不充分问题，不断缩小区域之间、城乡之间、群体之间、基本公共服务等方面的差距，持续弥合“数字鸿沟”，创造普惠公平发展和竞争条件，促进公平与效率更加统一。

因此，深入研究数字经济对区域创新能力和区域经济协调发展的影响机制，对于推动我国数字经济高质量发展和实现区域经济协调发展具有重要意义。本书在这样的大背景下，围绕数字经济、区域创新能力和区域经济协调发展展开研究，探讨数字经济对区域创新能力的影响机制以及区域间创新要素流动对区域经济协调发展的影响机制。期望本书能为我国数字经济与区域创新、区域经济协调发展的政策制定和实践提供有益的参考，推动数字经济高质量发展，促进区域经济的全面协调发展。

1.1.2 研究意义

在当前数字经济蓬勃发展的背景下，深入探讨数字经济时代下的区域创新与区域经济协调发展具有深远的研究意义。

首先，从理论层面来看，本书的研究进一步拓展了数字经济背景下区域创新和区域经济协调发展的理论框架，有助于我们更全面、更深入地理解数字经济与区域经济之间的相互关系和作用机制。在影响机制分析中，不仅考虑了数字经济对区域创新能力的直接影响，还探讨了其非线性影响、空间溢出效应以及异质性传导机制，同时对区域间创新要素流动和数字经济对区域经济协调发展的影响机制进行了探讨。通过揭示数字经济如何影响区域创新能力的提升、如何促进区域经济结构的优化和协调发展，可以为相关领域的理论研究提供新的视角和思路，丰富和发展现有的理论体系。为理解数字经济与区域创新、区域经济协调发展之间的关系提供了新的视角。

同时，本书在研究过程中采用了多种前沿的计量经济学方法（如面板数据模型、门限回归模型、空间计量模型等）对数字经济与区域创新、区域经济协调发展之间的关系进行了实证分析。这些方法的应用不仅丰富了该领域的研究方法，也为其他学者提供了参考和借鉴。

其次，从实践层面来看，研究数字经济时代下的区域创新与区域经济协调发展具有重要的现实意义和指导价值。本书通过实证分析，揭示了数字经济对区域创新以及区域经济协调发展的影响机制，研究成果可以为政策制定者提供科学的决策依据和参考，帮助他们更好地把握数字经济发展的趋势和规律，制定更加精准、有效的区域创新和经济协调发展战略，以促进区域创新和经济的协调发展。

此外，本书的研究还有助于推动区域经济的均衡发展和普惠共享。我们对不同地区的数字经济发展水平和区域创新能力进行了评估，为各地区制定适合自己的发展策略提供了指导。各地区可以根据自身的发展情况和资源优势，结合研究结果，制定符合自身实际的发展规划。通过加强数字基础设施建设、优化数字经济发展环境、培育数字经济产业集群等措施，缩小不同区域之间的数字经济发展差距，促进资源要素在区域间的自由流动和优化配置，实现区域经济的均衡发展和共同繁荣。同时，也可以推动数字经济成果的普惠共享，让更多的人享受到数字经济带来的便利和福祉。

1.2 研究思路与方法

1.2.1 研究思路

本书遵循“提出问题—理论支撑—实证分析—得出结论”的研究思路，通过系统的研究进展综述、理论分析和实证检验，深入探讨了数字经济对区域创新和区域经济协调发展的影响机制。

1）在绪论部分，明确了研究的背景与意义，提出了研究思路与方法，并详细规划了研究内容，同时指出了研究的创新点。

2）在研究进展部分，系统回顾了与数字经济、区域创新、创新要素流动以及区域经济协调发展相关的已有研究，为后续研究提供了理论基础和文献支撑。在相关概念与理论方法部分，明确了研究中所涉及的核心概念和使用的理论方法，为后续实证分析奠定了基础。

3）重点分析了数字经济发展水平对区域创新能力的影响机制，包括基本影响、非线性影响、空间溢出效应以及异质性传导机制。同时，也分别探讨了数字经济发展水平、区域间创新要素流动对区域经济协调发展的影响机制。为了量化分析这些影响机制，构建了数字经济发展水平、区域创新能力、区域间创新要素流动以及区域经济协调发展的指标体系，并进行了测度与结果分析。这为后续实证分析提供了数据基础。

4）在实证分析部分，首先通过面板数据模型分析了数字经济发展水平对区域创新能力的非线性影响，其次利用门限回归模型进行了进一步的回归分析，并通过内生性和稳健性检验确保了结果的可靠性。

接着，研究了数字经济发展水平对区域创新能力的空间溢出效应，通过空间自相关检验和回归结果分析揭示了空间关联性和溢出效应的存在。然后，通过构建空间权重矩阵、进行空间自相关检验和基于面板数据模型、空间计量模型的实证检验，分析了区域间创新要素流动对区域经济协调发展的影响。同时，遵循与之前分析相同的计量经济学方法和步骤，实证检验了数字经济发展水平对区域经济协调发展的影响。

5）在研究结论与建议部分，总结了研究成果，提出了相应的政策建议，为政府和企业提供了决策参考。

1.2.2　研究方法

本书以数字经济为背景，围绕区域创新能力和经济协调发展展开研究，旨在探讨数字经济对区域创新能力的影响机制以及区域间创新要素流动对区域经济协调发展的影响机制。本书在研究过程中主要采用了文献研究法、定性和定量分析相结合的方法以及实证分析法，具体如下。

1）文献研究法。首先通过可视化分析对国内学者在数字经济、区域创新能力等领域的研究热点进行分析，同时对数字经济、区域创新、创新要素流动、区域经济协调发展等多个领域的文献进行了全面回顾与梳理。通过对这些文献的深入分析，了解了研究领域的现状、发展趋势以及尚未解决的问题，为后续的理论分析和实证研究提供理论基础。

2）定性和定量分析相结合。在文献综述的基础上，运用相关理论和方法，探讨了数字经济发展水平对区域创新能力以及区域间创新要素流动、数字经济发展对区域经济协调发展的影响机制。分别构建了数字经济发展水平、区域创新能力、区域间创新要素流动及区域经济协调发展的指标，对指标进行了测度，并对测度结果从时间和空间角度进行了分析。通过合理的指标设计和科学的测度方法，为后续的实证分析提供了准确可靠的数据基础。

3）实证分析法。为了验证理论分析的结论，本书采用了实证分析法，运用多种计量经济学模型和方法，包括面板数据模型、门限回归模型等，对研究假设进行了实证检验。同时考虑到地区间的空间相关性，还采用了空间计量经济学的方法进行分析。包括空间自相关检验、空间权重矩阵的构建以及基于空间计量模型的实证检验等。在实证分析过程中，注重数据的准确性和可靠性，采用了多种数据来源和验证方法，以确保研究结果的客观性和科学性。

1.3 研究内容

本书共分为 11 章，各章的主要研究内容如下。

第 1 章绪论。该章概述了研究的背景与意义，提出了研究的必要性，明确了研究思路和研究方法，并概括了全书的研究内容和章节安排，指出了研究的创新点。

第 2 章研究进展。该章系统地回顾了与数字经济、区域创新、创新要素流动及区域经济协调发展相关的已有研究，梳理了文献的主要观点和研究方法，并评估了现有研究的不足和潜在的研究空间，为后续研究提供了理论基础和文献支撑。

第 3 章相关概念与理论方法。该章首先定义了数字经济、区域创新能力、创新要素流动、区域经济协调发展等核心概念，然后介绍了研究中使用的主要理论框架和方法，包括外部性理论、熊彼特创新理论、溢出效应理论等。

第4章数字经济、区域创新与区域经济协调发展的影响机制。该章深入分析了数字经济发展水平对区域创新能力的多种影响机制，包括基本影响、非线性影响、空间溢出效应和异质性传导机制。同时，也探讨了区域间创新要素流动、数字经济发展水平对区域经济协调发展的影响机制，为后续章节的实证分析提供了理论支持。

第5章数字经济发展水平与区域创新能力指标构建及测度。该章针对数字经济发展水平和区域创新能力，构建了相应的指标体系，并进行了测度与结果分析。通过合理的指标设计和科学的测度方法，为后续的实证分析提供了准确可靠的数据基础。

第6章数字经济发展水平对区域创新能力的非线性影响。该章通过构建基准回归模型和门限回归模型，结合2013—2021年的省级面板数据，以第5章测度的数字经济发展水平为核心解释变量、区域创新能力为被解释变量，以外商直接投资水平、人力资本投入、财政支出水平、产业结构、城市化水平、经济发展水平为控制变量，以知识产权保护为门限变量，探讨了数字经济对区域创新的影响，对内生性问题进行了处理并通过了稳健性检验。

第7章数字经济发展水平对区域创新能力的空间溢出效应。该章主要研究了数字经济发展水平对区域创新能力的空间溢出效应。首先，构建了空间权重矩阵。随后，进行了空间自相关检验，分析了数字经济发展水平和区域创新能力的全局空间自相关和局部空间自相关。然后，通过LM检验选取和设定适当的空间模型进行回归，对回归结果进行了分析，并对空间溢出效应进行了分解。此外，还进行了异质性和稳健性检验，揭示了数字经济对区域创新在空间上的溢出效应和传导机制。

第8章区域间创新要素流动及区域经济协调水平指标构建及测度。该章首先对区域间创新要素流动的测度模型选取及指标构建进行了说明，然后构建了区域间创新要素流动和区域经济协调水平的指标体系，并进行了测度与结果分析。

第9章区域间创新要素流动对区域经济协调发展影响的实证分析。该章遵循基准回归模型到空间计量模型的研究思路，构建了空间杜宾模型，从全样本和区域异质性两个角度来探讨创新要素流动对于区域经济协调发展的影响。同时，还分解了空间效应，以便对直接效应和间接效应进行研究。最后，基于不同的空间矩阵进行检验，以验证实证结果的稳健性。

第10章数字经济发展水平对区域经济协调发展影响的实证分析。该章通过实证分析，探讨了数字经济发展水平对区域经济协调发展的影响。通过构建模型、选取指标、进行基准回归和中介效应回归分析，揭示了数字经济发展水平与区域经济协调发展之间的内在联系和互动机制。

第11章研究结论与建议。该章总结了全书研究得出的结论，提出了相应的政策建议。

1.4 研究创新点

本书的主要有创新点如下。

通过系统梳理现有文献，发现当前关于数字经济发展水平对区域创新能力影响的研究尚显片面，缺乏全面深入的分析。因此，本书将结合数字经济的独特属性，从宏观、中观到微观三个层面，对数字经济如何赋能区域创新能力的内在机制进行全方位的剖析。同时，针对传统研究中单一指标衡量区域创新能力的局限，本书将基于创新驱动发展的背景，构建一套包括创新能力投入和创新能力产出的综合评价指标体系，以更全面、准确地评估区域创新能力。

在研究方法上，本书突破传统线性分析框架，从知识产权保护的视角出发，选取数字经济发展水平与知识产权保护水平作为门限变量，构建门限模型，揭示数字经济对区域创新能力的非线性影响，反映数字经济与区域创新能力之间的复杂关系。

针对当前研究中数字经济对区域创新能力空间效应探究不足的问题，本书将构建一个全面的数字经济发展水平指数，并运用空间计量模型分析数字经济对区域创新能力的空间溢出效应。同时，考虑到我国区域发展的差异性，本书将我国划分为东部、中部、西部三大地区进行异质性分析，以揭示不同区域间数字经济对区域创新能力影响的差异性和规律性。

与以往研究多关注传统劳动和资本要素流动不同，本书将聚焦于区域间创新要素的流动，从动态视角出发，研究其在空间内的流动特点及其对区域经济协调发展的影响，这一研究视角能够更深入地揭示创新要素流动在区域经济发展中的重要作用。

本书还关注了创新要素在区域间流动可能产生的空间效应，运用空间计量相关方法测度区域经济协调发展的相关性，并深入分析了创新要素流动是否会产生知识、技术等溢出效应。本书还从省际、三大区域、南北区域等多个角度探究了创新要素流动与区域经济协调发展的关系，揭示了这种关系在不同地区的异质性。

第 2 章　研究进展

本章首先运用 CiteSpace 技术，对数字经济和区域创新领域的文献热点进行研究。随后，围绕数字经济、区域创新能力、区域间创新要素流动、区域经济协调发展以及空间溢出机制等多个关键研究领域，对已有研究文献进展进行回顾与梳理，分析这些领域的现有研究成果。

2.1　基于 CiteSpace 文献热点研究

本书的研究进展文献数据主要来源于中国知网（CNKI）。为确保检索到的期刊质量，我们选择了北大核心、SCI、CSSCI、CSCD、EI 五个数据库作为期刊来源。我们针对“数字经济”与“区域创新能力”两个主题词进行了搜索，并人工筛选掉了会议论文、新闻报道等不相关的内容。时间范围设定在 1996—2022 年。共检索到与“数字经济”相关的文献 1 422 篇，与“区域创新能力”相关的文献 1 583 篇。

2.1.1　相关文献年度走势

从图 2 - 1 可知，我国对数字经济的研究开始于 2000 年。在 2000—2008 年，国内学者对数字经济的研究相对较少，平均每年的文献不超过 3 篇，累计相关文献数量为 24 篇。在 2009—2012 年，对数字经济的研究一度停滞，这 4 年间没有发表相关文献。在 2013—2016 年，相关文献的数量累计达到了 17 篇。自 2017 年以来，与数字经济相关的文献数量开始逐步增加，特别是在 2020—2022 年，相关文献的数量呈现出爆发式的线性增长。

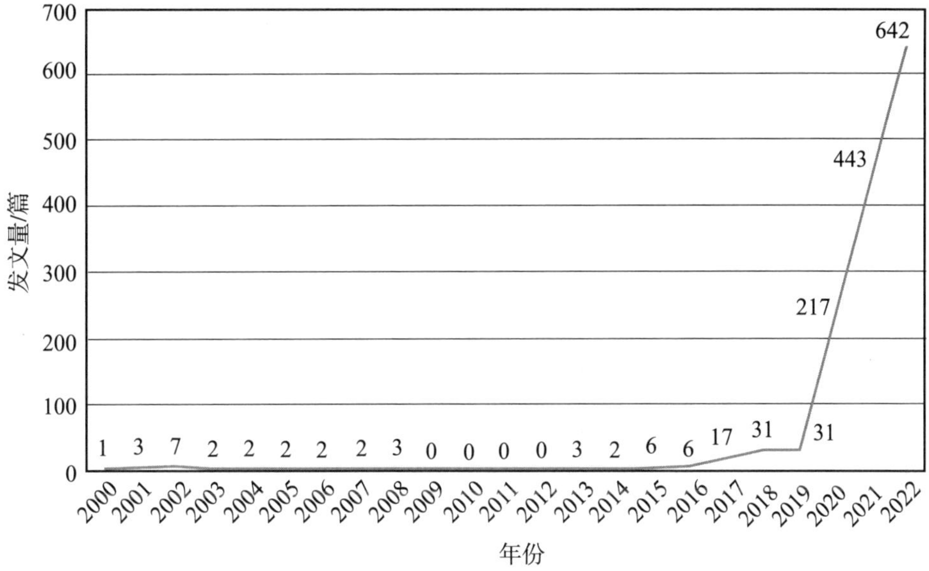

图 2－1　2000—2022 年 CNKI“数字经济”论文年度分布

这种增长背后的主要原因有两个方面。1）2016 年 G20 杭州峰会上提出了《二十国集团数字经济发展与合作倡议》，这使得数字经济这个概念逐渐进入公众视野，各国对数字经济的关注程度也日益提高。2）随着数字时代的到来，数字基础设施的投入不断增加，资源配置得到优化，传统产业开始与数字技术融合，数字生产要素受到越来越多的重视。同时，我国政府也不断出台相关政策，积极推动数字经济的发展。这些因素共同推动了数字经济研究热度持续上升。

从图 2－2 可以看出我国学者对区域创新能力研究的演变历程。在

1996—2004年，这一阶段标志着国内学者对区域创新能力研究的初步探索，相关文献数量从最初的1篇逐年波动式增长，最终达到了22篇。自2005年起，区域创新能力逐渐演变为学术界的研究焦点，到了2010年，相关文献的发表数量达到了顶峰，123篇。2010—2022年，尽管文献数量有所波动，但总体上保持在69～95篇。

自2006年起，国内学者对区域创新能力的研究热度迅速攀升，并在此后一直维持在较高水平。这一转变的主要原因是国务院在同年召开的全国科学技术大会上，发布了《国家中长期科学和技术发展规划纲要（2006—2020年）》。这一纲要的发布标志着中国科技发展战略的重大转变，即从以往的学习和引进为主，转向以自主创新为核心，致力于建设创新型国家。随后，党的十八大将创新驱动发展定位为国家发展的新阶段，而十八届五中全会更是强调创新在引领发展中的首要作用。随着国家对创新重视程度的不断提升，国内学者对区域创新能力的研究持续保持高度热情。

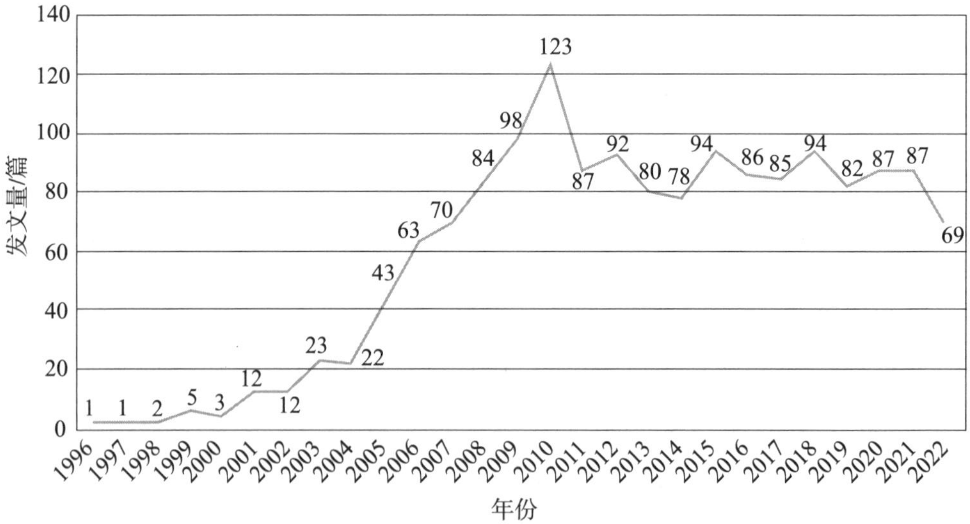

图2-2　1996—2022年CNKI“区域创新能力”论文年度分布

2.1.2　主要发表期刊

图 2 - 3 所示的文献计量分析结果显示了 2000—2022 年间，我国在“数字经济”领域的研究成果。在该时间内，共有 10 种中文核心期刊发表了 5 篇以上的学术论文，其中《贵州社会科学》《管理世界》等期刊的载文量超过了 10 篇，显示出这些期刊在数字经济领域的重要地位和学术影响力。

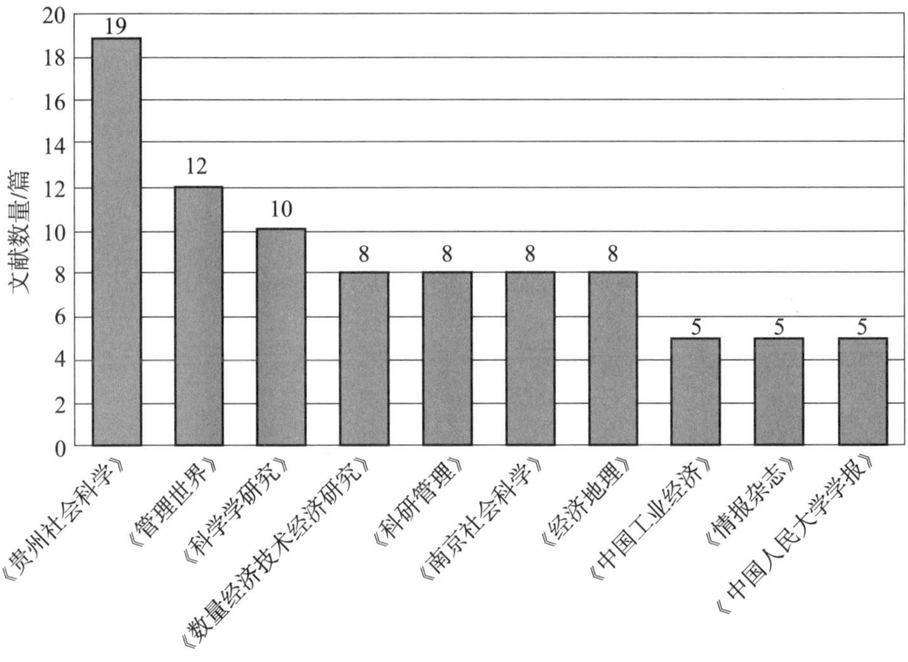

图 2 - 3　“数字经济”主题核心期刊分布

图 2 - 4 所示的文献计量分析则聚焦于“区域创新能力”这一主题。从 1996—2022 年，有 8 种中文核心期刊发表了 5 篇以上的相关论文，其中《科研管理》《科学学与科学技术管理》《科学学研究》《经济地理》等期刊的载文量超过了 10 篇。这些数据不仅反映了学术界对区

域创新能力研究的持续关注，也突显了这些期刊在这一研究领域的重要作用。

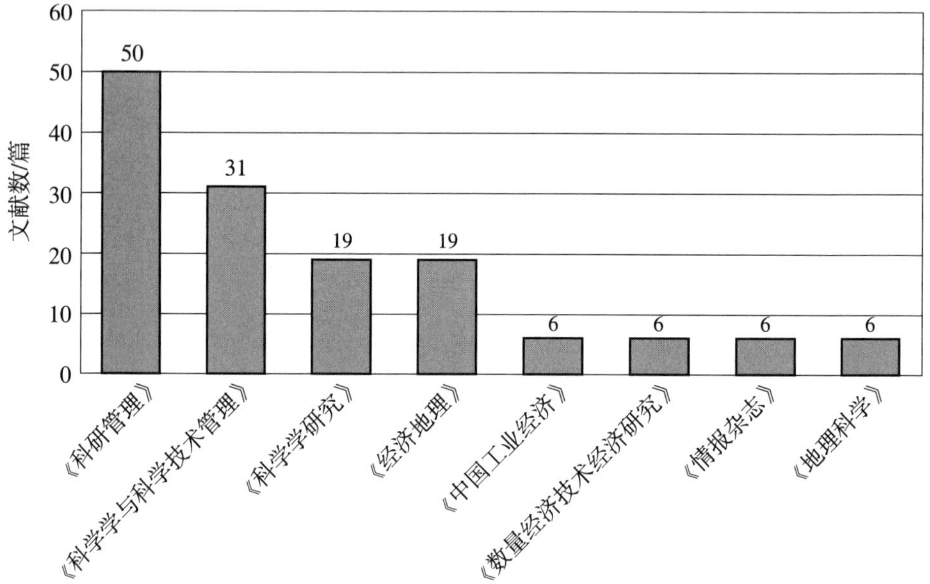

图 2-4 “区域创新能力”主题期刊分布

2.1.3 关键词共现矩阵

我们采用 CiteSpace 软件将 Refworks 格式文件转换为适合分析的格式，进而对 2000—2022 年数字经济研究领域内的文献进行了关键词共现分析。通过对关键词频次的统计，我们将词语意义相似的关键词归为同一类别，并按照频次从高到低进行排布。随后，对结果进行了可视化处理，生成了关键词共现节点图（图 2-5）以及词频表（表 2-1）。在图 2-5 中，每个节点代表一个关键词，节点的大小反映了该关键词在文献中出现的频次高低。节点越大，表示该关键词出现的词频数越高，说明其在数字经济研究领域中具有较高的关注度。同时，节点之间的连线代表了两个关键词之间的关联程度，连线的粗细和密度反映了关键词之间共现的频繁程度。

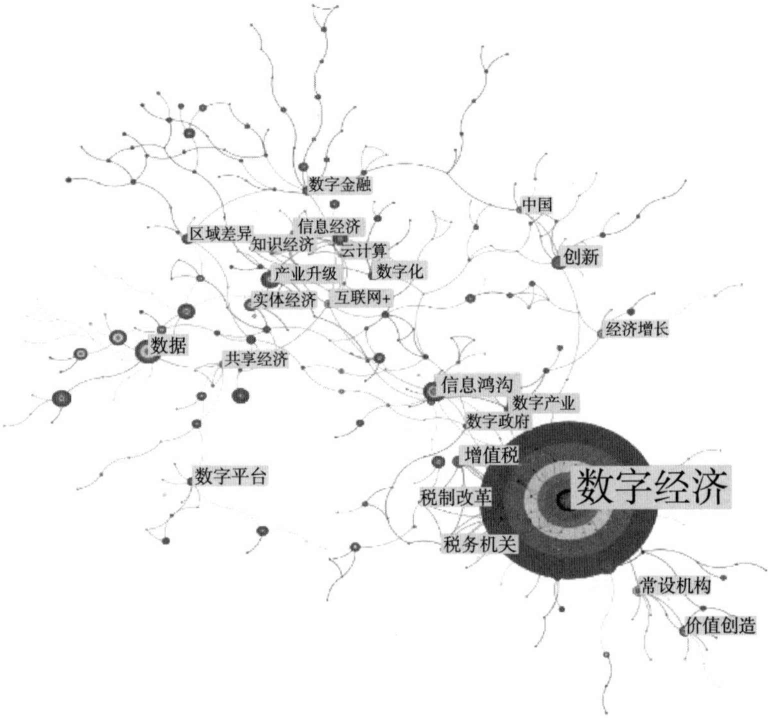

图 2-5　“数字经济”关键词共现节点图

表 2-1　“数字经济”关键词词频表

序号	关键词	词频	序号	关键词	词频
1	数字经济	1468	11	常设机构	18
2	产业升级	39	12	价值创造	18
3	数据	38	13	云计算	18
4	信息经济	38	14	区域差异	15
5	信息鸿沟	32	15	经济增长	14
6	共享经济	25	16	数字金融	14
7	创新	24	17	数字化	13
8	数字产业	22	18	互联网＋	12

续表

序号	关键词	词频	序号	关键词	词频
9	增值税	19	19	知识经济	10
10	实体经济	18	20	数字平台	10

从表 2-1 中可以看出，关键词词频超过 20 次的主要有“数字经济”“产业升级”“数据”“信息经济”“信息鸿沟”“共享经济”“创新”“数字产业”等。这些关键词不仅频次高，而且在图 2-5 的关键词共现节点图中也占据了重要的位置，构成了数字经济研究领域知识网络的主要路径。

通过对这些高频关键词的分析，我们可以发现数字经济研究领域的主要研究热点和趋势。例如，“数字经济”作为核心关键词，其研究涵盖了多个方面，包括数字技术的创新与应用、数字经济的产业结构和产业升级、数字经济对社会经济的影响等。同时，“产业升级”“信息经济”“共享经济”等关键词也反映了数字经济对产业结构升级和经济增长的重要推动作用。

图 2-6 和表 2-2 展示了 1996—2022 年区域创新能力研究领域文献的关键词共现节点图及词频表。从中可以清晰地看出，关键词词频超过 20 次的主要包括“区域创新”“技术创新”“区域经济”“科技创新”“区域差异”“因子分析”“产业集群”“评价”“区域”“自主创新”“人力资本”“创新绩效”“专利”“创新环境”“创新”。这些关键词共同构成了区域创新能力研究领域知识网络的核心路径，揭示了该领域的主要研究热点和关注点，也深刻反映了当前及未来一段时间内该领域的研究重点与方向。

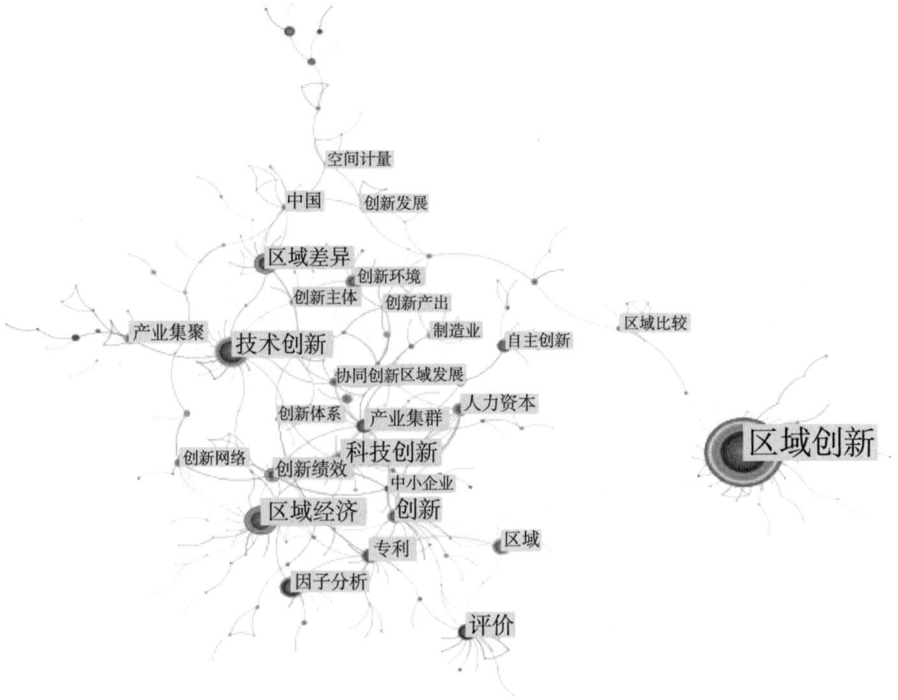

图 2－6　“区域创新能力”关键词共现节点图

表 2－2　“区域创新能力”关键词词频表

序号	关键词	词频	序号	关键词	词频
1	区域创新	386	10	自主创新	29
2	技术创新	89	11	人力资本	28
3	区域经济	81	12	创新绩效	26
4	科技创新	56	13	专利	25
5	区域差异	47	14	创新环境	25
6	因子分析	47	15	创新	25
7	产业集群	41	16	创新体系	14
8	评价	41	17	产业集聚	12
9	区域	30	18	创新网络	12

2.1.4 关键词聚类分析

这里主要借鉴 Callon 等[3]的聚类原则进行聚类划分，基本步骤如下：

1）在软件中生成关键词共现矩阵（数字经济：472×472；区域创新能力：543×543），按照余弦指数最高查找一对关键词，作为第一个聚类主题词。

2）将矩阵中的关键词与第一对关键词中任意一个关键词的余弦指数进行降序排序，由高至低选取 10 个以内余弦指数大于 0 的关键词，并包含作为主题词的一对关键词。

3）聚类生成后，将已经加到聚类中的关键词在矩阵中删除（同时包括行与列），以保证已加入聚类的关键词不会重复加入其他聚类中。

4）循环步骤 1）～3），直至所有关键词都加入聚类中（如果此时还有关键词剩下，但是它们之间的余弦指数为 0，没有共现关系，不会再加入任何聚类）。

从图 2－7“数字经济”聚类分析可视化结果中可以看出，国内学者对数字经济的研究热点主要体现在：一是关于数字经济以及作用路径或机制相关的研究，由＃0、＃1、＃3、＃6、＃10 组成；二是关于数字经济所带来的问题的研究，由＃5、＃8 组成；三是关于数字经济影响因素的研究，由＃2、＃7、＃9、＃11、＃12 组成；四是关于数字经济研究方法的研究，由＃4 、＃13、＃15 组成。上述四类研究对“什么是数字经济”“数字经济关注什么”以及“研究数字经济用什么方法”这三个问题进行了回答。

从图 2－8“区域创新能力”聚类分析可视化结果中可以看出，国内学者对区域创新能力的研究热点主要体现在：一是关于创新、创新

图 2－7　“数字经济”聚类分析可视化图

能力的研究，由＃0、＃2、＃8 组成；二是关于区域创新能力影响因素的研究，由＃3、＃4、＃6、＃7、＃9 组成；三是关于区域创新能力研究方法的研究，由＃1 、＃5 组成。上述三类研究对“什么是区域创新能力”“区域创新能力的影响因素是什么”以及“研究区域创新能力用什么方法”这三个问题进行了回答。

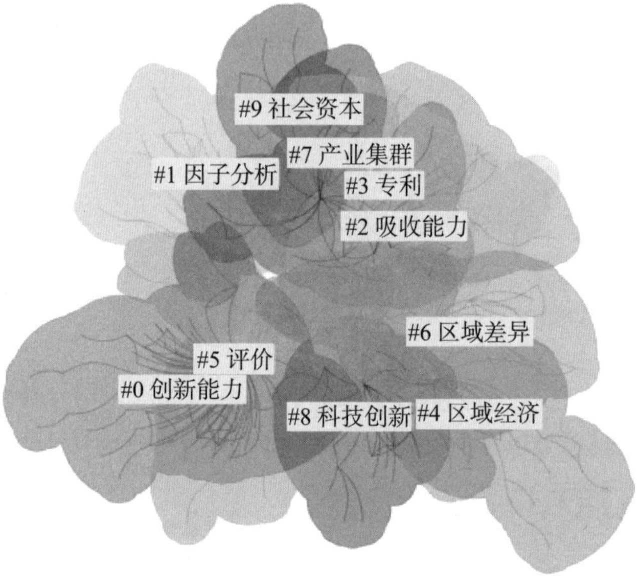

图 2-8 “区域创新能力”聚类分析可视化图

2.2 数字经济相关研究

2.2.1 数字经济的含义

“数字经济”一词最早是由 Tapscott 在其出版的《数字经济——网络智能时代的前景和风险》中提出，书中虽然没有概括数字经济的内涵，但通过对传统经济与新经济的对比，他提出信息在不同经济中所呈现的方式有所不同[4]。在前者中，信息通常以实体方式呈现；而在后者中，通常以数字形式呈现。

各国权威机构对数字经济均有相关研究。1997 年日本政府在相关报告中将数字经济定义为电子商务[5]。1998 年、1999 年，美国商务部连续两年发表《新兴数字经济》（Ⅰ和Ⅱ）报告，将数字经济的内容涵盖两个部分，分别是电子商务及其衍生出的信息技术产业[6-7]。在此后定义数字经济过程中，大部分权威机构都将数字经济内涵扩展至影响生产、消费活动的经济过程。例如，1999 年美国统计局将数字经济的内涵概括为互联网、电子商务、相关电子商务企业及网络交易四部分内容。此后，许多国家权威组织都对数字经济给出了相似的定义，例如英国牛津数字经济集团认为，数字经济是基于信息基础设施、电子化管理和电子化商务的生产、贸易活动。经济合作与发展组织（OECD）在 2012 年提出，数字经济是利用电子商务进行交易，包含了信息产品和服务以及其他经济领域[8]。相对于国外研究机构的长期探索，我国对于数字经济的研究起步较晚。2016 年，中国在 G20 会议上提出《二十国集团数字经济发展与合作倡议》，明确定义数字经济为“使用数字化的知识和信息作为关键生产要素、以现代信息网络作为重要载体、以信息通信技术的有效使用作为效率提升和经济结构优化的重要推动力的一系列经济活动”[9]。从数字经济的范围来看，中国信息通信研究院将数字经济分为数字经济基础部分（包括电子信息制造业、信息通信业以及软件服务业等）和数字经济融合部分（将数字技术应用到制造业、服务业等传统行业所增加的产出）。由此可以看出，对于数字经济的定义经历了两个阶段，即“电子商务”阶段以及参与“数字信息技术的经济活动”阶段[10]。

早期学者从狭义角度定义数字经济为信息产业以及相关产业。Lane 认为数字经济是利用互联网将计算机和通信技术相融合，使得信息与技术流动，产生电子商务变革[11]。Kling 和 lamb[12] 与 Kim[13] 对数字经济内涵进行了类似定义，指出数字经济是高度依赖数字技术进行生产、销售等一系列的经济活动，明确将信息通信技术（ICT）产品及服务、电信作为数字经济的组成部分。这类界定虽然范围非常明确，统计起来也相对简单，但是有局限性，因为数字经济不仅仅是数字产业的核心部门，更包括了一些其他的衍生部分，如数字消费活动、数字共享平台等。

随着数字经济不断地和时代结合，数字经济开始融入生活之中，随之对数字经济的定义也越来越广泛。以 Bukht 和 Heeks 为代表，他们认为基于数字产品或服务的商业模式的数字技术所引起的产出就是数字经济[14]。李晓华对数字经济新特征进行了分析，提出数字经济新动能形成机制是由新产业形成、传统产业升级、落后产业淘汰等三部分构成[15]。陈晓红等定义数字经济是以数字化信息为关键资源，以互联网平台为主要信息载体，以数字技术创新驱动为牵引，以一系列新模式和业态为表现形式的经济活动，并提出其具有数据支持、融合创新、开放共享等特征[16]。还有一种观点是从哲学角度进行定义。以张鹏为代表，从马克思主义基本原理指导下探究数字经济一般性解释框架，在经济社会发展资源配置中，由于不断要求个体局部信息选择与整体信息优化之间的协调，在资源配置过程中演化出数字经济[17]。裴长洪等认为数字经济是先进生产力代表，它存在于生产和社会再生产过程之中，已成为推进产业结构调整和实现经济可持续发展的强大力量，是一种更高级的经济形态[18]。尽管学者们在数字经济的确切定义上存在一定的差异，但普遍达成的共识是，数字经济是一种新经济形态，其核心特征在于将数据作为关键生产要素，驱动一系列经济活动的展开。

2.2.2 数字经济的测度

国际权威机构或组织主要以 OECD 为代表，是最早研究数字经济测度的权威机构，这些机构对于数字经济测度的研究也随着时代发展而呈现出不同的方式。

第一阶段：1996—2012 年（萌芽阶段）。OECD 在年度报告《以知识为基础的经济》一书中提出“知识经济”的“4W”界定以及核算框架，由知识投入及产出、知识存量和流量、知识网络与学习概念构成[19]。2011 年，OECD 提出“信息经济”这一概念，并从 ICT 供给、ICT 需求、ICT 基础设施、ICT 产品等几个方面构建测算细节[20]。2012 年，OECD 进一步在《OECD 互联网经济展望（2012）》中将“互联网经济”定义为通过互联网维系的经济活动或纯粹依靠互联网的经济活动所产生的价值，并提出了测度互联网经济的三种方法：即重视互联网消费中的消费者盈余与社会福利等影响，重视互联网对第一、二、三产业的连锁影响，将互联网经济规模作为 GDP 增加值的一部分[21]。

第二阶段：2013—至今（发展阶段）。2014 年，OECD 在《衡量数字经济：一个新的视角》中提供了对数字经济的定义以及测度方式，从智能化基础设施、赋权社会、创新能力、促经济增长、增加就业等方面来测度数字经济，为其他国家发展数字经济、测度数字经济规模提供了经验[22]。2019 年，OCED 在《衡量数字化转型：未来路线图》中从增强访问、有效利用、创新、就业、社会繁荣、信任、市场开放等七个一级指标对数字经济进行测度评级的构建[23]。2018 年，G20 在其发布的《数字经济测算工具箱》中，综合考虑数字经济发展的基础因素，构建数字经济指标体系，指导各国数字经济评价水平标准化核算[24]。

国内权威机构对数字经济的测度主要采用构建评价指标体系的方法。例如，中国信息通信研究院在 2017 年发布《中国数字经济发展白皮书（2017 年）》，从宏观经济、基础能力、基础产业、融合应用等四个层面来构建指标，对 2016 年中国数字经济总量进行统计分析，结果表明，我国数字经济发展迅速，已成为拉动经济增长的重要引擎[10,25]。腾讯研究院发布了《中国“互联网＋”数字经济指数（2017）》，以基础分指数、产业分指数、双创分指数和智慧民生分指数作为一级指标构建数字经济指数，并采用专家评价方式进行赋权[26]。赛迪顾问发布《2020 中国数字经济指数（DEDI）》，将基础指标、产业指标、融合指标、环境指标等四个可以代表数字经济各维度的典型指标作为一级指标，通过专家赋权进行加权计算得出数字经济指数[27]。

目前多数学者选择通过构建多维度评价指标体系的方法测度数字经济。Han Dongri 等运用 RAGA－PP 模型从数字基础设施、数字产业发展、数字经济环境等三个维度来测算数字经济发展指数[28]。Ojanperä 等在世界银行知识经济指数框架基础上，增加衡量数字参与的第五个子指标，构建数字经济指数[29]。张雪玲和焦月霞采用熵值法，从信息通信基础设施、ICT 初级和高级应用、企业数字化、信息和通信技术产业发展等方面构建数字经济发展水平评价指标，分析了数字经济发展中存在的主要问题，并提出了优化建议[30]。刘军等认为数字经济是以信息化和互联网的发展为支持，通过数字化技术提供产品或服务，使得生产者与消费者进行交易活动的新型经济形态；同时利用 NBI 指数权重构建数字经济发展评价体系并进行测度，结果发现我国东部地区数字经济发展水平远高于中西部地区[31]。Roman 和 Tatiana 在测度国家数字经济的规模时，从经济、劳动力和技能等三方面进行指标构建，同时指出数字经济的规模不受国家地理和经济的制约[32]。王军等利用熵值法从数字经济内涵入手构建指标进行测度，结果表明数字经济发展水平逐年递增，但依旧存在异质性，区域之间发展不平衡不充分[33]。王娟娟和佘干军从数字基础、产业、环境等三方面进行指标构建，结果表明，目前我国数字经济发展可分为三大梯队，数字基础与产业匹配度低，忽视环境建设是制约数字经济发展的因素[34]。金灿阳等从投入产出角度进行评价指标构建，发现数字经济发展水平由东部沿海向西部内陆逐级递减[35]。

部分学者基于数字经济行业范围的界定，通过直接测度行业增加值来度量数字经济发展。许宪春和张美慧构建数字经济规模核算框架，重新界定数字经济核算范围，对数字经济产业增加值进行测算[36]。蔡跃洲和牛新星将数字经济划分为数字产业化、产业数字化两个部分，对 1993—2018 年数字经济相关行业增加值进行测算，结果表明，数字经济已成为中国经济增长重要引擎，且产业数字化的增速大于数字产业化的增速[37]。李洁和张天顶基于投入产出模型，按照国家统计局《数字经济及其核心产业统计分类（2021）》对数字经济增加值进行核算[38]。鲜祖德和王天琪根据国家统计局发布的数字经济以及核心产业分类标准，利用产业增加值对我国数字经济进行测度[39]。

此外，还有学者采用构建卫星账户的方法测度数字经济。向书坚和吴文君构建了数字经济核算框架，根据框架对卫星账户进行设计并研究其可行性[40]。罗良清等从数字经济基础产业、融合产业、数字产品以及数字化产品等方面对数字经济卫星账户进行框架构建[41]。

2.3　区域创新能力相关研究

2.3.1　区域创新能力的含义

早在 1912 年，Schumpeter（熊彼特）将技术与经济相结合，提出“创新”一词。他用建立新的生产函数定义创新为一种生产手段的新组合形式[42]。创新严格区别于技术发明，他把技术革新引入经济组织中，形成新的经济能力。继熊彼特创新理论后，英国研究学者Freeman在1987年首次提出国家创新体系，将其定义为由公共部门、私人部门等机构共同构成的系统，这些组成在系统内不断相互影响、相互作用并对新技术产生影响[43]。在此基础上，美国学者Suarez提出国家创新能力这一概念，并用专利数量来对其进行评估，指出国家创新能力受到法律、教育程度、知识产权等因素影响[44]。1992年，英国学者Cooke首次提出区域创新系统这一概念，将其定义为在区域内部，由教育科研机构、生产性企业等创新主体相互联系合作、各自分工的组织系统[45]。自此之后，国内外学者从国家、地区、企业等多个角度对创新能力进行研究。

目前，学者对区域创新能力的定义角度主要分成三类。第一类从知识理论角度定义区域创新能力：如甄峰等将创新能力定义为在创新的活动中，利用现代信息技术，不断将知识、信息、技术等要素纳入社会生产过程中所需要具备的能力[46]。柳卸林和胡志坚[47]、詹湘东[48]定义区域创新能力为一个地区将知识转化为新产品、新工艺、新服务的能力。第二类从创新系统构成定义区域创新能力，例如，Teece等定义创新能力为个体感知到处于变化的环境中、利用现有资源和培育竞争力，开展创新活动、重新整合资源、创造竞争优势的能力[49]。黄鲁成将其定义为以区域内技术能力为基础的、实施产品创新和工艺创新的能力；并且由区域内创新资源投入、创新管理、研究开发三种能力构成[50]。Cooke认为区域创新能力的构成是由创新主体之间互动，以及与社会资本、文化等区域资源相结合的[51]。第三类从新经济增长理论对区域创新能力进行定义：吴林海将创新能力的内涵界定为对生产要素创造性集成的能力，并提出它具有经济学范畴、组合能力概念、层次性三大特点[52]。任胜钢和彭建华将区域创新能力定义为某一特定区域内，每个创新主体在一定的创新环境水平下的投入产出水平[53]。瞿辉和闫霏将区域创新能力定义为一个地区将知识资源转化为新产品、新工艺和新服务，产生经济效益，并推动区域社会经济发展的能力[54]。

2.3.2　区域创新能力的测度

目前我国对于区域创新能力的测度主要有四种方法。第一种是采用专利数量对区域创新能力测度，如魏守华等采用每万人均专利授权量对各省区域创新能力进行评估，发现创新活动在空间分布上更集中且不均衡[55]。第二种是采用新产品产值来测度区域创新能力，如张宝文等采用新产品销售收入测度区域创新能力[56]。第三种是通过构建评价指标法来测度区域创新能力，例如，吴江和吴涛在构建评价指标时考虑到创新主体要素投入及相关成果产出，采用吸引外来投资、专利授权数量等指标构建区域创新能力评价体系[57]。戴金辉和林典伟从区域创新发展规模、区域创新发展条件、区域创新发展活力、区域创新发展环境四个子系统筛选出 20 个可观测指标，构建区域创新发展能力评价指标体系；此外，他们利用泰尔指数和莫兰指数对创新发展能力空间差异特征进行分析，研究结果表明：我国创新发展能力实现稳定增长，但中西部地区与东部地区仍存在显著差距，并且区域间差异是创新发展能力总差异产生的根本原因[58]。章昌平等从知识、技术、环境三个维度，对区域创新能力进行综合评估[59]。第四种是采用本地化创新能力来测度并反映地区在创新方面的禀赋优势，例如，郑江淮和师磊等认为本地化创新能力既包括由地区知识储备、高技能劳动力等各种创新要素在地区间空间配置带来的要素配置效率，也包括了本地创新主体间交流互动网络的溢出效应，这两方面的合力形成了本地化创新能力[60]。

2.3.3 区域创新能力的影响因素

关于区域创新能力的影响因素，有学者从创新基础设施方面进行研究，例如，惠宁和白思选取开放水平以及政府扶持力度为门限变量，利用门限面板模型分析互联网发展对区域创新能力的非线性影响，得出存在边际报酬递增的非线性影响[61]。李新功和黄晓婉选取知识积累、区域经济等指标作为门限变量，研究互联网对创新能力的非线性影响，结果表明，区域创新能力与知识积累、金融发展和区域经济水平有关，当这些指标超过相应的门限值，互联网对区域创新的影响显著增加[62]。徐政和张存才研究通信基础设施建设对区域创新能力的影响，结果表明，通信基础设施可以显著促进区域创新能力提升，并与地理区位形成交互作用，共同促进区域创新能力[63]。

部分学者从创新环境方面对影响因素进行研究，例如，韩志弘和张纪海研究中关村科技高新区的政策对北京市区域创新能力不同维度的影响，结果表明，知识获取最易受支持政策影响，而创新环境受支持政策影响最小[64]。陈光等采用 fsQCA 方法探究政策工具组合，并研究创新政策对区域创新能力的影响，结果表明，需求主导、供给主导、环境主导等政策工具存在三种相互组合提高区域创新能力的路径[65]。杨玉桢和冀康孟通过 PSM - DID 模型研究设立自贸试验区对区域创新能力的影响，结果表明，设立自贸试验区可以显著提高区域创新能力，且知识产权保护是自贸区影响区域创新能力的重要影响途径[66]。陈天宇和解学芳研究文化产业集聚对区域创新能力的影响，结果表明，专业化与多样化集聚对区域创新能力有显著促进影响，且存在正向空间溢出效应[67]。

一些学者从创新投入要素方面对影响因素进行研究，例如，王家庭和贾晨芯通过空间误差自相关模型分析出研发（R&D）资金投入对于区域创新能力有影响显著，并且认为需要对创新能力较差的地区加大基础建设、教育医疗的投入[68]。鲁钊阳和廖杉杉通过双门限模型研究发现，研发活动投入量、科技人员投入量、金融水平的提升可以促进区域创新能力，并且 FDI 与区域创新能力存在非线性关系[69]。李思龙等通过实证分析公共教育投资、人力资本累计对区域创新能力的影响，结果表明增加公共教育投资能够有效提升人力资本积累从而提高区域创新能力[70]。王书华和姚璐对金融供给影响区域创新能力的路径进行实证研究，结果表明金融供给可以显著促进区域创新能力的提升，并存在正向空间溢出效应[71]。

2.3.4　数字经济对区域创新能力的影响

关于数字经济发展对区域创新能力的影响有以下学者进行研究。以温珺为代表，通过固定效应模型进行实证分析得出：数字经济发展可以促进区域创新能力，且数字经济发展程度越高，越能促进区域创新能力[72]。熊励和蔡雪莲通过 PVAR 模型对长三角地区数字经济对区域创新能力的提升作用进行研究[73]。徐辉和邱晨光对长江经济带的数字经济发展对创新能力的影响进行研究，利用空间杜宾模型得出，数字经济发展是促进区域创新发展的核心动力，但对省域间创新发展的影响并不显著，且在部分矩阵下呈显著负向影响[74]。以赵滨元为代表，通过实证分析得出数字产业不仅可以直接影响区域创新，还可以通过促进产业数字化间接促进区域创新[75]。夏杰长等以劳动生产率和地方公共财政支出为调节变量，R&D经费投入为中介变量进行实证分析数字经济影响区域创新的内在机制[76]。徐向龙和侯经川通过实证分析研究数字经济发展对区域创新绩效、发明创新绩效的影响，结果表明数字经济发展对两者均存在边际递增的非线性影响，且均存在负向空间溢出效应[77]。马为彪和吴玉鸣采用中介效应以及空间杜宾模型研究数字经济对城市创新能力的影响，结果表明数字经济对区域创新能力有显著正向调节作用，并存在正向空间溢出效应，此外，还能够通过产业结构升级从而提高区域创新能力[78]。鲍鹏程和朱付彪通过选取数字经济为门限变量，研究数字经济对区域创新能力的非线性影响，结果表明数字经济对区域创新存在边际递增效应[79]。

潘涛等基于科技服务业与先进制造业双重视角下，探究数字经济对区域创新能力水平的影响，研究结果表明数字经济背景下我国区域创新能力水平随着时间的推移逐渐上升，但总体水平相对较低；此外，各区域协同创新发展水平存在差异，东部地区水平最高，中部和西部地区次之，东北地区最差[80]。高厚宾和李晨阳利用中国地级市数字经济数据与上市公司微观数据，对数字经济影响企业创新绩效的机制进行实证分析，结果表明数字经济发展能够显著促进创新数量和创新质量双提升从而促进企业创新；此外数字经济能够通过缓解融资约束、降低经营成本、促进知识扩散等方式向企业释放创新红利[81]。刘刚和朱朝晖在数字技术与实体经济深度融合背景下，基于中国A股上市公司数据，采用多期差分模型实证分析数字经济发展对提升企业创新能力的意义，研究发现数字经济可显著促进企业创新能力提升，且能够通过促进融资约束、人力资本结构和供应链优化赋能企业创新能力[82]。

2.4 创新要素流动相关研究

2.4.1 创新要素及创新要素流动含义

对创新要素的早期理解，源自著名经济学家约瑟夫·熊彼特（Schumpeter）在1912年对创新概念的深入探讨。他强调了生产要素、生产条件以及生产机会的重要性，认为这三者进入全新市场并得以应用才能产生创新。熊彼特将创新定义为“旧要素的新组合”，即各种生产要素重新组合的生产函数，是在打破原有生产方式、技术水平、组织和管理形式的基础上实现创造性的突破，从而使得与生产相关的各个环节的运行效率大幅度提升。世界经济论坛（WEF）在其定期发布的《中国创新生态系统》年度报告中，明确地将市场进入、人力资本、资金来源、导师顾问、监管框架、基础设施、教育培训、大学作用以及文化支持等关键方面纳入创新生态系统的核心要素。其中人力资本作为创新生态系统中最为核心的要素之一，涵盖了人才吸引、培养、激励和流动等多个方面，同时资金来源的多样性和充足性是支持创新活动持续开展的关键。

由于创新要素流动具有动态性，因此目前关于创新要素和创新要素流动内涵的分析多从区域的角度进行。杨兴宪等在区域创新系统（RIS）的研究框架下，将创新要素划分为三个核心组成部分：主体要素（包括企业、大学、科研机构等核心创新主体）、功能要素（涵盖制度创新、技术创新、管理创新和服务创新等多元化创新活动）以及环境要素（涉及体制、机构、基础设施建设等外部环境支持）[83]。杨晨和周海林针对创新要素在区域创新系统内各创新主体间的流动进行了深入研究。他们认为，这种流动是由政府推动和市场引导共同作用的结果，旨在提升企业创新能力。这一过程涉及创新要素在创新主体之间呈网络状转移、吸纳、整合、协同、反馈等一系列互动循环活动[84]。张旭进一步提出，创新要素在区域间流动的原因是其在不同区域分布不均，需求量存在差异。这导致了单个或多个创新要素在区域内或区域间进行运动，以满足不同区域的需求[85]。

从实证研究的角度来看，学者们在对创新要素进行测度时，普遍倾向于选择那些数据易于获取且可量化的指标。例如，黄苹在研究技术创新活动的效率时，将焦点聚焦于研发人员和研发资金这两大核心创新要素[86]。陶长琪和徐茉则基于创新理论，认为创新要素是那些参与创新过程、影响创新绩效并体现创新成果的生产要素。他们进一步将这些要素细分为人力、知识、技术、数据和制度五个子系统，并探讨了这些子系统之间的相互作用及其演变规律[87]。

2.4.2 创新要素流动的影响因素

从目前文献来看，对于创新要素流动的影响的研究主要集中在对于创新效率、产业结构、经济增长的各方面影响。

（1）创新要素流动对创新效率的影响

关于创新要素流动对于创新效率的影响，目前的文献研究主要集中于不同产业层面和不同区域层面。在产业层面上，戴魁早从高新技术产业角度，实证分析了创新要素投入对于生产率和技术效率的影响[88]，据宛群超等的研究得出，创新要素的流动对地区的高技术产业创新能力具有杠杆效应且效应显著，同时地区的高技术产业的创新能力产生了明显的空间溢出效应[89]。在区域层面上，不同区域的全要素生产率之间具有空间相关性。此外，创新资本流动产生了空间溢出效应，从而对其他地区的全要素生产率具有显著的促进作用[90]。白俊红等发现创新要素的流动对区域创新绩效有明显的促进作用[91]。凌华等进一步研究发现创新要素流动作为互联网影响区域创新能力差异的中介因素，在不同地区产生了不同程度的作用[92]。而黄明凤和姚栋梅将创新要素流入与流出分开研究，提出我国区域间创新效率的地区分布具有显著空间集聚的特点，创新要素的流入会提升地区的创新效率，而创新要素的流出会产生负相关的作用[93]。也有学者发现创新人员和创新资本对于创新效率的影响在不同地区产生着不同的作用，如王钺认为城市舒适性通过影响研发资本流动从而促进东部地区区域间创新质量的收敛，而在全国和东中部地区，城市舒适性通过影响创新人员流动来促进创新质量的收敛[94]。

(2) 创新要素流动对产业结构的影响

在传统要素集聚下，省际技术创新对于产业结构优化的边际作用呈递减，然后趋向收敛，而这种作用在技术、创新要素集聚下呈递增，并逐渐发散[95]。创新要素在区域间的流动为产业结构调整提供内在动力，相应的，产业结构也会对主体创新产生推动作用[96]。常尚新提出创新要素流动对于产业结构的升级具有显著的促进作用，并且创新人员要素在消费需求和制度变革的双重中介作用下，对于产业结构升级的改善作用要明显大于创新资本要素[97]。但是卓乘风和邓峰提出创新要素流动对于产业结构升级产生的促进作用较弱，而对于制造业和服务业转型具有明显的积极作用[98]。但是这种正向作用存在一定的边界效应，根据 Fujita 和 Thisse 的观点，当地区间贸易自由度较低时，制造企业可能因市场准入障碍而在某些地区（如北部）形成集聚，这种集聚同时也受到人才在区域间自由流动的影响。当贸易自由度提高时，会进一步促进集聚加强。[99]。因此，对于不同地区创新要素的空间配置引导应当采取差别化政策。近年来，部分学者提出由于区域间的要素禀赋不同，要素流动对于产业结构的影响作用在区域间呈现异质性，而且创新要素的流动会产生空间溢出作用。例如，孙大明和原毅军发现区域间的创新要素流动会产生空间外溢作用，这种外溢作用在中部地区最高程度地促进了产业结构升级，在东部地区作用最弱，这种差异与地区的知识基础和创新需求有关[100]。王林辉和赵星以长三角地带和东北地区为例，发现长三角地区当地和相邻地区要素流动促进了多样化产业集聚，而东北地区和相邻地区的要素流动则促进了其专业化产业集聚[101]。

（3）创新要素流动对经济增长的影响

根据高丽娜和蒋伏心的研究，区域内部创新要素的流动对经济的协同效应有积极的影响[102]。创新要素在流动的过程中，会不断地涌入经济发展水平比较高的地区，逐渐地形成集聚效应，进而促进当地经济增长。一些学者如 Audretsch[103]、Blomström[104]、Almeida[105]、Managi[106]、Filatotchev[107]等认为，人才和资本、技术等要素的流动促进了知识的溢出效应。白俊红等从新经济地理学的角度考虑研发要素流动、知识溢出和经济增长之间的关系，建立了一个理论框架[108]，王钺和刘秉镰通过参考这个理论框架测算全要素生产率并发现创新资本相对于创新人员能更有效地提高全要素生产率[90]。于斌斌提出在城市化地区，产业结构的合理化和全要素生产率的提升可以对经济增长产生明显的“结构红利”效应[109]。而朱于珂从经济发展质量的角度出发，发现工业企业的绿色技术创新只有在高门槛区时，才会对经济发展质量产生显著的“结构红利”作用[110]。地区对于研发的投入水平差异和地区金融市场的完善程度会对创新要素流动对于协同创新的作用产生调节影响[111]。但是在不同地区，经济增长水平和经济发展质量、要素禀赋和政府政策都存在着差异性，因此要素的流动也存在异质性，从而对不同地区经济增长影响不同[112]。

2.5　区域经济协调发展相关研究

2.5.1　区域经济协调发展现状

经济增长理论关注的主要话题之一就是区域的经济发展趋势[113-114]，我国区域经济在长期发展中存在的主要问题之一就是区域经济发展不平衡[115]。对于我国区域经济的发展，现有研究多从东中西视角展开，近年来，也有部分学者开始关注我国南北经济的发展差距。根据许召元和李善同的研究，东部区域经济增长的速度远远超出其他地区，从而造成地区之间的经济差距逐渐扩大。不过，目前东部与其他地区的经济增长速度的差距正在缩小[116]。戴德颐提出，我国南北方的经济差距主要是由于投入要素数量及配置效率的不同。资本投入在北方地区更重要，而在南方地区劳动投入的作用更为明显[117]。许宪春等通过测算我国地区的平衡发展指数，得出我国南北方地区的经济平衡发展程度在不断提高[118]。牛树海和杨梦瑶认为，虽然目前南北差距逐渐呈扩大的趋势，但是其不平衡程度仍然低于东西间差距，东中西区域经济发展的不平衡问题仍然是阻碍我国经济协调发展的主要问题[119]。

对于区域经济发展不平衡的趋势，由于不同学者采用的方法和研究的时间区间不同，得出的结论并不统一，杨开忠得出省际经济差异大致呈一个倒“U”型的趋势，其界限是 1978 年，即 1978 年以前是呈扩大趋势，1978 年以后开始缩小[120]。后来覃成林等得出了类似的结论，区域间的不平衡程度以 2004 年为界限，2004 年之前呈上升趋势，2004 年之后呈下降趋势[121]。但是李文陆等通过研究发现我国东中西经济区域差距趋势并不是呈现“倒U形”，而是呈现“S形”的发展趋势[122]。但不论怎样，区域经济差距由于种种原因一直都存在，成为影响区域协调发展的重要问题之一。

2.5.2 区域经济协调度测量方法

从现有研究来看，对于区域经济协调发展程度测量方法主要有两种，一种是各种指数的测量，如基尼系数和加权变异系数、标准差、熵指数和泰尔指数等，另一种则是通过计量模型考察各种因素对于经济增长速度的影响，从而判断经济增长的收敛性[123]。目前文献应用较多的就是各种指数来测量地区间的经济协调度。泰尔指数、加权变异系数和基尼系数可以分解为区域间差异和区域内差异，因此成为近年来大多数学者主要使用的测量方法。Jian等测算了区域GDP的标准差，并以此来实证分析区域经济发展不平衡的方向[124]。李文陆等计算了我国以及东中西三大区域的GDP总量、人均GDP、加权变异系数，来分析产生区域经济不平衡的原因[122,125]。覃成林等运用人口加权变异系数的二次分解法对区域间的不平衡程度进行测量[121,126]。高志刚和克甝使用人口加权标准差系数来衡量区域经济的绝对差距，同时使用基尼系数和人口加权变异系数来衡量区域经济的相对差距[127]。杨明海等计算了我国八个经济区的泰尔指数，并建立计量模型来研究其创新能力差异[128]。张红梅等通过测算加权变异系数、基尼系数、最大值与最小值之比，将我国区域经济差距分为五个阶段，研究了改革开放以来区域经济不平衡的发展趋势[129]。安虎森和周江涛基于南北地区各个省份面板数据，运用固定效应模型，考察了影响南北经济发展不平衡的主要因素[130]。

2.5.3　区域经济协调发展的影响因素

区域经济协调发展往往受到不同因素的影响。目前，研究区域经济协调发展的影响因素主要集中在要素配置效率、环境制度和地理因素等方面。一部分学者认为经济要素如资本和劳动力的配置导致了区域间发展的不平衡，例如，管卫华等认为不同地区间的要素投入差异导致了区域间的经济差距，而这种差距又进一步影响了投入环境的差异[131]。陈虹和朱鹏珅对地区资本回报率对于区域间经济差距的影响研究发现区域间的资本回报率的平衡效应大于差异效应，就业人口增多对于地区之间的经济差距起到了促进作用[132]。张治栋和吴迪基于长江经济带的经济发展研究得出，资本和技术要素的流动可以缩小地区间的发展差距，而劳动力的流动会加大地区间的经济差距[133]。

也有一部分学者在承认要素流动作用的同时，认为政治制度和资源禀赋也是影响区域经济发展差距的因素，例如，王小鲁和樊纲认为不仅要素的流动对地区间经济差距产生影响，制度的变革、结构的变化等也是导致区域经济差距的重要因素[134]。李亚玲和汪戎认为地区间的人力资本分布的不平等性也是导致区域经济发展差异的重要原因，因此提出要优化人力资本的分布结构[135]。也有学者从技术创新的角度进行形成区域经济差距的路径研究，如楚尔鸣和曹策得出人才的自由流动通过技术创新等中介效应扩大了区域间经济差距，但是如果可以通过政府引导人才向中西部地区转移，那么将有利于缩小区域间的经济差距[136]。高志刚和克甝对中国省际区域经济的差距进行研究，得到我国省际区域差距正在逐步收敛，影响因素有经济基础、资本投入和要素配置、制度、全要素生产率等[127,137]。

导致区域经济发展差距的因素还有很多，夏万军和余功菊研究了创新能力和人力资本投入、劳动利用率和地区金融发展程度等方面对影响我国区域经济发展效益效率作用机理[138]。吕承超等分别从东中西和南北两个角度，得到影响地区差距的因素有人均资本、城镇化水平和对外开放度、产业结构、全要素生产水平等[139]。鲁万波和贾婧得出高铁的发展虽然促进了地区经济的发展，但同时加大了城市间的经济差异，进而提高了区域经济发展的不平衡性[140]。然而，罗能生等的实证分析表明，交通的发展有助于缩小我国不同地区之间的经济差距，从而推动区域间的协调发展[141]。

2.5.4 要素流动与区域经济协调发展的关系

根据白俊红和刘宇英的研究，在我国各个地区，都有劳动力与资本错配的现象，并且这种情况在不同地区之间存在差异。要素在区域间的流动有利于纠正这种资源错配现象，从而提升资源的配置效率。因此，要素流动是影响地区间经济协调发展的重要因素之一[142]。

当下研究中关于要素流动对于区域经济协调发展的影响主要是传统要素对于区域经济协调发展的影响，即劳动力流动和资本流动，在要素流动对于区域经济发展的影响方面，主要分为以下三种观点。

（1）要素流动与区域经济的收敛

要素流动可以缩小区域间经济发展的差距，从而促进区域经济协调程度。在假设要素完全流动、边际报酬递减的情况下，根据索洛等人的新古典增长理论，人均收入或者产出水平的增长速度与初始水平呈现负向关系。如果两个国家拥有相同的技术水平和经济偏好，那么初始较低的收入水平意味着更多的投资和技术扩散机会，因此贫穷国家或地区的增长速度应该比富裕国家或地区更快。根据新古典理论，当劳动力和资本从中、西部地区向经济发展较快的东部沿海地区流动时，边际报酬递减规律能够在一定程度上缓解这种经济差距[143]。如果要素流动没有受到限制，那么劳动力的流动将促进地区收入的趋同。王小鲁和樊纲对劳动力流动对经济产出的影响进行研究发现，劳动力的流动有助于缩小地区之间的差距[134]。姚枝仲和周素芳从理论角度出发，论述证明了劳动力的流动对于缩小地区间的差距起决定性作用[144]。侯燕飞和陈仲常提出人口流动可以通过政策效应、追赶效应、人力资本效应等促进区域协调发展[145]。

（2）要素流动与区域经济的发散

要素流动会加剧区域间经济发展的差距，这不利于区域经济的协调发展。缪尔达尔的“循环累积因果理论”指出，要素在区域间的流动更倾向于扩大区域间的经济差距，由于劳动和资本等要素在市场机制下倾向于流向经济发达的区域，那么这些区域就会累积竞争优势，从而使得发展落后的区域中不利于经济发展的因素就会越来越多，从而阻碍落后区域的经济发展。范红忠和李国平认为人口流动成本是造成地区发展差距的关键性因素[146]。樊士德等通过理论推导得出，劳动力流动能够促进发达地区的经济增长，减缓欠发达地区经济增长，从而扩大了地区发展差距。也有学者分别研究两种要素对于区域经济差距的影响，其中陈燕儿和白俊红认为资本要素流动会促进区域经济协调发展，劳动力要素流动会阻碍区域经济协调发展[147]。

（3）要素流动与“折中”观点

也有学者处于“折中”观点，比如许召元和李善同提出，劳动力流动对于区域经济协调发展并不一定是促进作用，原因是存在“资本追逐劳动”，需要综合考虑资本的外部性与资本拥挤效应的相对大小，劳动力流动进而可能会扩大地区之间的经济差距，抑制区域经济的协调发展，也可能会缩小地区经济差距，从而促进区域经济协调发展[148]。

2.5.5 数字经济对区域经济协调发展的影响

钟文和郑明贵利用固定效应、中介效应、空间计量模型研究数字经济对区域协调发展的影响。研究表明数字经济涵盖的基础设施、产业发展和技术进步三方面可以促进产业结构升级，从而对区域协调发展产生积极作用；数字经济对区域协调发展存在空间溢出效应；助推产业结构升级是数字经济影响区域协调发展的重要传导机制，产业结构优化升级是实现中国经济提质增效的关键途径[149]。李清华和何爱平基于数字经济发展的新特征分析数字经济对区域协调发展的影响机制，利用系统高斯混合模型（GMM）方法、中介效应方法进行实证，结果表明数字经济从整体上促进了我国区域经济协调发展；且通过提高市场化水平和改善劳动力资源配置缩小区域经济差距；分地区回归分析中，数字经济可以缩小区域经济发展差距，并且对东部城市的影响效应最为显著[150]。刘伟丽和陈腾鹏利用省级面板数据，基于区域协调发展角度下探讨了数字经济对共同富裕的影响，研究结果表明区域协调发展水平是数字经济推动共同富裕实现的重要机制[151]。程云洁和王佩佩单独引出数字经济中数字新基建部分，研究其赋能区域经济协调发展的机制，选取省份面板数据进行实证检验得出：数字新基建能够显著促进经济协调发展；技术创新、产业结构升级是数字新基建赋能经济协调发展的重要作用机制；数字新基建对区域经济协调发展具有正向空间溢出效应，且存在显著区域异质性[152]。曲妍基于内循环视角构建数字经济和区域经济协调发展指标体系，利用固定效应模型和空间模型探究数字经济对区域经济协调发展的影响效应。研究结果表明：数字经济对区域经济协调发展有显著正向促进作用，且存在异质性；

数字经济与区域经济协调发展均存在空间效应[153]。

2.6　空间溢出机制研究

Marshall（1890）首次提出溢出的概念。空间溢出效应是指经济活动在某一区域内发生时，会对该区域周边地区产生影响，这种影响被称为空间溢出效应。具体来说，空间溢出效应包括以下几个方面的内涵：

1）经济效应。当一个地区内的经济活动增加时，会带来更多的就业机会、税收收入和经济增长，进而促进周边地区的经济发展。

2）空间效应。经济活动的发展会导致该地区内的土地、房地产等资源价格上涨，从而影响周边地区的土地、房地产市场。

3）环境效应。经济活动的发展会带来更多的污染和环境压力，进而影响周边地区的环境质量和生态平衡。

4）社会效应。经济活动的发展会对当地社会结构、文化传承等产生影响，进而对周边地区的社会发展产生影响。

总之，空间溢出效应是指经济活动对周边地区产生的影响，涵盖了经济、空间、环境和社会等多个方面。了解空间溢出效应的内涵有助于我们更好地理解经济活动对地区发展的影响，并制定相应的政策和规划。

2.6.1　创新要素的空间溢出机制

创新要素的空间溢出机制是学术界一直关注的热点话题，目前已有研究成果可以分为以下三个方面。

（1）人才流动的作用途径

根据 Almeida 和 Kogut 等的观点[105]，创新活动需要高素质的人才支撑，当某一地区吸引了大量的高素质人才时，这些人才会带来人才溢出效应。Filatotchev 等通过实证分析得出，海归企业家人才产生了技术溢出和知识溢出效应，对中关村的技术创新效率和生产率提高起到了显著的促进作用[107]。此外，张莉娜和吕祥伟通过研究发现，人力资本流动可以在周边地区传播知识和技术，促进周边地区的创新和发展[154]。

（2）资本流动的作用途径

资本跨国流动产生的溢出效应是目前许多学者研究的对象，如 Blomström 和 Kokko 的研究表明，跨国公司通过跨国投资等行为促进了技术和知识的交流，并带来资本流动的溢出效应[104,155]。根据 Managi 和 Bwalya 的实证分析，外国公司在本地的投资相比于出口商品能够产生更显著的溢出效应[106,156]。根据郭雅婷对我国服务业的 FDI 相关数据的分析，进行了基于不同地区的分析实证，认为我国服务业发展在东西部地区产生了不同的作用，东部地区的服务业发展具有显著的溢出效应，在西部地区则没有发现[157]。

（3）空间知识溢出的作用途径

空间知识溢出是指在一个地区内进行的创新活动所产生的知识和技术，逐渐扩散到周边地区，促进了周边地区的创新和发展。创新活动需要大量的资金支持，当某一地区的创新活动得到了资本市场的支持和投资后，这些资金会产生资金溢出效应，即它们会流向周边地区，进一步促进周边地区的创新和发展。Hagerstrand（1967）在这个领域做出了开创性的工作，其理论成果成为空间知识溢出理论的基础。宋炜和周勇对我国省际创新要素流动进行测度和实证分析，得出创新要素的流动在省际具有正向的空间溢出效应[158]。覃雄合等得出，在空间维度我国研发活动的效率存在集聚性的特征，并且随着时间在逐年提升，但是区际差异非常显著[159]。

2.6.2 数字经济的空间溢出作用途径

彭文斌等为探究数字经济空间溢出作用，选取京津冀地区 13 个城市的面板数据进行实证分析，结果表明北京、天津和廊坊呈现出“H－H”型空间聚集特征；邯郸、邢台和衡水表现为“L－L”型空间聚集特征，选取技术进步、产业结构等能够影响数字经济的因素，分析空间溢出作用，结果表明技术进步与产业结构对本城市数字经济发展具有显著的直接效应，而人均 GDP、城镇就业人数、产业结构则具有显著的正向空间溢出效应，教育水平与技术进步的负向空间溢出效应明显[160]。李杰和王薇提出数字经济突破空间距离约束的集约优势，利用面板数据进行实证分析数字经济赋能区域高质量发展机制。实证结论表明：数字经济对经济高质量发展呈现显著的直接效应和空间溢出效应，且存在异质性，对于东部和西部地区促进作用明显，而中部则不显著[161]。谷彦芳等认为数字经济能够提升财政收入与治理能力，通过构建数字经济指数对地区财政韧性进行实证分析，研究结果表明：数字经济可以提升地方财政韧性，且在一系列稳健性与内生性检验后结论依旧成立。进一步研究发现，数字经济对地方财政韧性的影响存在非线性递增效应，且由于地区间缺乏统筹协调，当前数字经济发展对邻近地区财政韧性存在负向空间溢出效应。鉴于此，需要多措并举发展数字经济，增强数字经济对地方财政韧性提升的促进作用；处理好数字经济发展与协调的关系，助力地区间财政韧性协同发展[162]。李文君为探究数字经济对区域创新能力的溢出效应，利用空间杜宾模型进行实证分析。研究结果表明：创新能力呈现出高-高或低-低集聚的空间特征；数字经济对区域创新能力的影响具有显著的正向空间溢出效应[163]。

2.7 本章小结

通过系统梳理数字经济、区域创新能力、创新要素流动、区域经济协调发展和空间溢出机制相关的研究可知：目前国内外研究学者对其内涵已有丰富研究，对数字经济发展水平的测度方法也不断完善。数字经济促进区域创新能力的有关研究有的从理论展开，有的从实证展开；机制研究方面，有的研究直接效应，有的研究间接效应。总体来看，研究学者对数字经济、区域创新能力、区域经济协同发展之间的关系已有丰富研究，但仍有可进一步扩展之处。

1）关于数字经济发展水平相关研究多为定性研究，定量研究相对较少，由于数字经济规模巨大，且因自身具备的高渗透性削弱了三大产业边界，目前对于数字经济发展水平的测度方法仍有待深化。而对区域创新能力、区域经济协调发展的影响，虽已有部分学者通过理论分析及实证研究进行过验证，但由于对数字经济研究起步较晚，探究对区域创新能力、区域经济协调发展的机制较为简单，实证分析也多为固定效应，因此本书将对数字经济影响区域创新能力、区域经济协调发展的机制进行深度分析。

2）在现有研究中，对区域创新能力的测度大多选用专利数量或新产品产值，虽具有一定代表性，但由于专利数量和产品产值在时间上存在滞后，并且在创新驱动发展下，一个区域的创新能力往往是由各创新要素共同构成的，单独一个指标不能全面、完整地体现区域创新能力。

3）目前研究大多集中于创新要素流动对于经济增长速度和经济增

长质量的影响研究，这两者虽与经济协调发展有相似之处，但其概念存在着本质上的差异。中国经济的质态变化决定了发展观在实质上的改变，协调发展成为目前经济发展的重大战略，所以本书将研究重点转移到经济的协调发展层面。

4）关于经济协调发展的驱动因素大多集中于传统要素的静态分析，而基于动态角度的创新要素流动对于经济协调发展产生的知识溢出等空间效应研究不足。目前研究中缺少创新要素流动对于经济协调发展的区域异质性角度的研究，本书将对此方面的研究进行补充。

第3章　相关概念与理论方法

本章在对第2章已有研究文献进行全面梳理的基础上，首先对本研究中涉及的核心概念进行界定，包括数字经济、区域创新能力、创新要素流动以及区域经济协调发展等。随后，本章阐释了与本研究紧密相关的理论基础，包括外部性理论、新古典增长理论与内生增长理论、熊彼特创新理论、溢出效应理论以及区域经济非均衡理论。

3.1　相关概念

3.1.1　数字经济

尽管目前研究学者、各大权威机构对数字经济没有一个统一的界定，但也得到了大致共识。本书采用国家统计局对数字经济的定义，认为数字经济是以数据资源作为关键生产要素、以现代信息网络作为重要载体、以信息通信技术的有效使用作为效率提升和经济结构优化的重要推动力的一系列经济活动。在此基础上对数字经济发展水平的指标进行选取。

数字经济正在逐步重组全球经济结构，成为推动经济增长的重要引擎，数据也彰显出作为关键生产要素的价值。随着国际经济环境越来越复杂，数据对提升各国自身竞争力具有重大意义，随着各国不断出台各类数字经济相关政策，竞争新格局形成。数字经济具备如下特征。

1）高渗透性。随着各大产业在发展过程中对信息网络技术的运用，数字经济成为工业经济时代后新发展阶段的主要经济形态，这不代表着农业、工业的式微，而是在一定程度上对其进行现代化改造。数字技术在各经济领域的广泛应用与深度融合，优化资源合理配置，提高全要素生产率，实现产业升级转型。

2）非排他性。对于个体来说，能够平等接触现代信息化平台，在一定程度上打破了时间与时空的壁垒，并且数字资源几乎是完全公开、透明的，可以被共享和多次使用，不会产生任何损耗。数字经济依托现代信息作为载体，因此同样具备此特性。

3）外部性。数据资源作为一种特殊的资源，不会被损耗，它所带来的资源总量反而随着使用它的用户增加而增加。根据梅特卡夫定律可知，网络的价值为其节点数量的平方，说明网络联网的计算机数量越多，每台电脑的价值就越大。换句话说，当网络的用户较少时，他们不但只能获取较少的信息交流，也付出了巨大的运营成本。当网络用户数量增加时，用户可以从网络中得到更多的效用，付出的运营成本相应减小，从而产出网络效应。

4）创新性与包容性。在数字经济中，创新不再局限于传统的产品研发或服务提升，而是深入到数据的挖掘和利用、算法的优化和升级、商业模式的创新和变革等各个方面。这种全面的创新，不仅推动了数字经济的发展，也为传统经济的转型升级提供了强大的动力；在数字经济中，无论是个体还是企业，只要有创新的想法和独特的能力，都可以通过网络平台展示自己的价值，实现自己的梦想。这种包容性，使得数字经济成为推动社会公平和发展的重要力量。

3.1.2 区域创新能力

准确理解区域创新能力是选取合适指标的基础。尽管学者们从知识理论等多个角度对区域创新能力给出了不同定义，但本书选择从新经济增长理论的视角出发，将区域创新能力定义为：一个地区将新知识、新技术转化为新产品、新工艺和新服务的能力。这一过程涵盖了创新投入与产出两个关键部分。创新投入主要包括参与创新活动的人力资源和资本投入，而创新产出则体现在创新活动所带来的实际成果及其所带来的经济、社会等方面的收益。在研究数字经济对区域创新能力的影响机制时，需要充分结合创新活动的主要特征，以便更深入地理解和揭示二者之间的关系。

创新活动的主要特征包括以下几点。

1）创新活动具有高风险性。创新活动涉及未知领域，需要探索新技术、新思想和新方法。这种探索性质使得创新过程充满了不确定性，可能带来技术失败、市场不接受、政策变化等风险。创新投入往往较大，包括资金、人力、时间等资源。由于高风险性，这些投入可能无法获得预期的回报，甚至可能完全损失。市场变化和技术发展使得创新成果的有效期有限。如果创新成果无法及时转化为商业价值，可能会面临被竞争对手超越或被市场淘汰的风险。

2）创新活动具有高效益性。在经济领域当中，高风险通常是与高收益挂钩，创新活动也不例外。一旦创新成功，企业可以获得巨大的经济效益。这包括新产品或服务的销售收入、市场份额的增加、品牌价值的提升等。创新可以推动产业升级和技术进步，提高整个行业的效率和竞争力。这对于企业和社会都具有重要的积极影响。此外，创新活动还可以带来知识产权等无形资产，这些资产具有长期价值，并可以为企业带来持续的收益。

3）创新活动具有价值性。创新活动发生都是基于价值目的，能够在实际应用与现实生活中发挥效应，具备一定的方向目标。创新活动可以推动社会进步和经济发展。通过解决社会问题、改善生活质量、创造就业机会等方式，创新活动为社会带来了巨大的价值。创新是企业持续发展的动力源泉。只有不断创新，企业才能适应市场变化、满足客户需求、保持竞争优势。

3.1.3　创新要素流动

创新要素是指创新活动所必需的资源和条件，包括人才、技术、资金、信息等多方面，它们共同构成了创新的基础和动力。从目前的文献梳理和统计来看，通用的概念包括创新要素与研发要素、创新资源、科技资源等，也是目前研究中较为典型的定义。大多数学者认为创新人员和创新资本是创新要素的最主要组成部分，由于考虑到数据的可获得性和研究的可行性，本书中创新要素的测度主要采用创新人员和创新资本来表示。

创新要素流动是指各种创新资源在空间上的集聚与扩散现象，创新要素在不同区域间的流动和交流，对于推动区域经济发展、提升创新能力具有重要意义。创新要素流动具有动态性、空间性和网络性，它随着时间的推移和空间的变化呈现出不同的特征和影响。创新要素流动的类型主要包括水平流动、垂直流动和跨区域流动。水平流动是指同类创新要素在不同区域之间的流动，如科技人才从高校流向企业；垂直流动是指不同类型创新要素之间的流动，如科技资金从政府机构流向科研机构；跨区域流动则是指创新要素在不同地理区域之间的流动，如人才从东部地区流向中西部地区。这种跨地理区域的流动，也称为区域间创新要素流动。

创新要素流动是创新活动的重要组成部分，它对于促进区域创新能力的提升和区域经济协调发展具有重要意义。通过创新要素的流动，可以打破地区间的信息壁垒，促进资源的优化配置和流动，推动地区间产业的协同发展。同时，创新要素流动还可以促进不同要素的选择与结合，激发创新活力，推动科技进步和产业升级。本书的研究重点之一即聚焦于跨区域的创新要素流动，旨在深入探讨其内在机制、影响因素以及对区域经济协调发展的贡献。

3.1.4 区域经济协调发展

区域经济协调发展，是指在一个区域内，不同行业、不同地区之间的经济发展相互协调、相互促进，达到整个区域经济的均衡、稳定、快速发展的状态。区域经济协调发展是一个复杂的系统工程，需要政府、企业和社会各方面的共同努力，通过产业结构调整、资源优化配置、市场开放等手段，促进经济的协调发展。区域经济协调发展的目标是实现区域经济的均衡发展，避免出现发展不平衡、区域差距拉大的情况。

在推进区域经济协调发展的过程中，需要关注以下几个方面：

1）产业结构调整，不同地区之间的产业结构存在差异，需要根据各自的优势和特点进行调整，促进产业的协调发展；

2）资源优化配置，不同地区之间的资源分配存在差异，需要通过合理的资源配置和利用，促进资源的协调开发和利用；

3）市场开放，通过市场开放和竞争，促进不同地区之间的经济协调发展，提高整个区域的经济效益和竞争力；

4）政策支持，政府需要制定相关政策，促进区域经济协调发展，提供必要的政策支持和服务。

区域经济协调发展是实现区域经济均衡发展的重要手段，需要政府、企业和社会各方面的共同努力，通过产业结构调整、资源优化配置、市场开放等手段促进经济的协调发展。

3.2　理论方法

3.2.1　外部性理论

马歇尔“外部经济”理论作为外部性理论的里程碑，对后续研究产生了重要影响。他在《经济学原理》一书中首次提出了“外部经济”的概念。他认为，外部经济是由于企业外部因素（如市场区位、地理位置分布、基础设施建设、经济发展水平等）而产生的收益递增现象。马歇尔进一步指出，外部经济存在三种形式：第一种是由于市场规模扩大进而提高中间投入品的规模效益；第二种是劳动市场供应产生的规模效益；第三种是由技术扩散与信息交换产生的规模效益，也被称为技术外部性。

在马歇尔的影响下，庇古对“外部经济”问题的研究进行了扩充，并指出外部性的实质是边际私人成本（收益）与边际社会成本（收益）的不一致。值得注意的是，庇古所研究的外部经济与马歇尔的研究是同一问题的两个方面，即前者研究企业活动对外部的影响，而后者研究企业活动受到外部的影响。新制度经济学的代表人物科斯提出，外部效应具有相互性，并且不是市场制度的必然结果。他认为外部性产生的原因是产权界定不清，当产权明确时，就可以解决外部性问题，实现最优资源配置。

从数字经济的内涵来看，它是以数据资源作为关键生产要素，利用数字技术进行生产的一系列经济活动，包含数字技术、大数据信息平台和新经济模式与业态三个核心内容，具备高渗透性、共享开放性、外部性等多重特点。高渗透性不断模糊三大产业边际，使得各产业不断优化调整，促进形成新业态；共享开放性为创新主体提供更加开放的信息平台，让创新主体具有更多利用数字要素的机会；外部性是指企业在网络中获取信息资源、技术资源的成本降低，优化资源配置，吸引更多的消费者与企业参与到经济活动与创新活动中。利用技术扩散与信息交换产生的规模效益来促进创新活动的产生，在这个过程中，随着数字经济发展水平的提高，网络外部性变得越发显著。

3.2.2 新古典增长理论与内生增长理论

新古典增长理论与内生增长理论是经济学中两个重要的增长理论框架，它们对经济增长的源泉和机制有着不同的解释。

新古典增长理论，也被称为索洛增长模型（Solow Growth Model），是由罗伯特·索洛等经济学家提出的。该理论的核心假设包括储蓄全部转化为投资、投资的边际收益率递减，以及采用资本和劳动可替代的柯布-道格拉斯生产函数。新古典增长理论强调经济增长的外生因素，如储蓄率、人口增长率和技术进步率，这些因素是经济增长的驱动力。在新古典增长模型中，技术进步被视为外生变量，是推动经济增长的关键因素。

与新古典增长理论不同，内生增长理论强调经济增长的内生因素，即经济体系内部的力量可以推动经济增长。内生增长理论的核心思想为技术进步是保证经济持续增长的决定因素。该理论认为，技术进步和创新是经济增长的源泉，而这些因素是由经济体系内部的决策和行为产生的。内生增长理论包括多种模型，如罗默的知识溢出模型、卢卡斯的人力资本模型等，这些模型都强调知识、技术和人力资本等要素在经济增长中的重要作用。

比较两者，新古典增长理论和内生增长理论的主要区别在于对技术进步的不同理解。新古典增长理论将技术进步视为外生变量，内生增长理论则将其视为内生变量，认为技术进步和创新是由经济体系内部的决策和行为产生的。此外，两个理论在解释经济增长的机制上也存在差异。新古典增长理论强调经济增长的稳态性，即经济增长最终会趋于一个稳定的增长率；而内生增长理论则强调经济增长的动态性，即经济增长可以持续加速。

尽管新古典增长理论与内生增长理论各自的侧重点和解释框架有所不同，但它们在研究数字经济发展中都起到了重要的作用。

新古典增长理论为理解数字经济的增长提供了基础框架。它强调了经济增长的外生因素，如技术进步、储蓄率和人口增长率等，这些因素在数字经济时代同样具有重要性。在数字经济中，技术进步和创新是推动经济增长的关键因素，而新古典增长理论强调了技术进步对经济增长的推动作用。此外，新古典增长理论还强调了资本积累在经济增长中的作用，这在数字经济中也有所体现，因为数字经济同样需要大量的资本投入来支持技术研发和创新。

然而，内生增长理论在解释数字经济增长方面提供了更为深入的视角。内生增长理论强调经济增长的内生因素，即经济体系内部的力量可以推动经济增长。在数字经济中，技术创新和人力资本等因素是推动经济增长的核心力量。内生增长理论认为，技术创新和人力资本的提高可以通过提高生产效率和促进产业升级来推动经济增长。此外，内生增长理论还强调了知识和技术的外溢效应，即知识和技术可以在经济体系内部传播和扩散，从而推动整个经济体系的增长。

在数字经济时代，技术创新和人力资本的重要性日益凸显。数字经济以信息技术为基础，技术创新是推动其发展的关键力量。同时，数字经济的发展也需要大量的高素质人才来支撑。因此，内生增长理论对于解释数字经济增长的机制和动力具有重要意义。新古典增长理论与内生增长理论在研究数字经济发展中都起到了重要的作用。新古典增长理论提供了基础框架，强调了经济增长的外生因素；而内生增长理论则提供了更为深入的视角，强调了经济增长的内生因素和技术创新、人力资本等因素的重要性。这两个理论相互补充，共同为理解数字经济增长提供了有力的理论支持。

3.2.3 熊彼特创新理论

1912 年，熊彼特在《经济发展理论》一书中首次提出“创新”概念，他认为创新是引入一种全新的生产函数，即将前所未有的生产要素和生产条件的新组合引入生产体系。熊彼特强调，创新是生产过程中内生形成的“革命性”变化，它通过创造性“变化”产生新的价值，进而推动经济高效发展。他将实现“新组合”的主体称为“企业家”，并提出创新包括五种形式：新产品、新方法、新要素来源、新市场和新生产组织形态。这些理论对选择测度区域创新能力的指标具有重要意义。

基于熊彼特的理论，波特在 1991 年《国家竞争优势》报告中提出了“创新驱动”概念。他认为，国家竞争力与生产要素驱动、投资驱动、创新驱动和财富驱动密切相关。其中，创新驱动以科学技术、知识和管理为动力，通过新知识、新技术优化资源配置，提高劳动者素质，改善科研环境，进而提升创新水平，实现内生增长。波特指出，科技创新驱动发展具有三个基本特征：一是科技创新是发展的主要驱动力；二是创新过程离不开知识的获取与创造；三是创新驱动需要高综合性，各组织需相互配合。他强调，国家竞争优势的关键在于是否拥有创新机制和充分的竞争力。在科技创新驱动下，创新主体在地理空间上集聚，不仅促进了主体间的知识交流与学习，还实现了创新经验的相互借鉴，从而推动区域创新的跨越发展。本书将基于这些理论，构建区域创新能力的组成，并探究驱动区域创新能力的重要影响因素。

3.2.4　溢出效应理论

溢出效应理论最早由英国经济学家马歇尔（Marshall）在其著作《经济学原理》中提出。马歇尔认为，溢出效应可以近似等同于外部性，并从古典经济学理论进行分析，认为溢出效应对企业带来的外部影响很难由资金或市场交易来体现，这可能会导致“市场失灵”的现象。近年来，随着空间计量经济学的发展，学者们从多角度实证分析了知识溢出机制。Hagerstrand（1969）的开拓性研究指出，空间知识溢出不仅存在于地区内部，也跨越地区边界，其强度受商业环境和经济发展水平等因素影响。地域差异显著地抑制了技术外溢效应，而研发人才流动性和研发资金流向是技术创新外溢的关键因素。

人才流动促进了信息交换和学习，使个体能够整合不同区域的信息，甚至创新出新的信息，推动科学技术和社会的进步。同时，R&D 资金的流动也在区域内产生了技术外溢效应，区域间的相互投入对技术创新具有积极的推动作用。投资产生的技术外溢，通过提高本地区企业的技术水平、改进生产流程、降低生产成本等方式，促进了企业生产能力的发展，进而提升了竞争力和创新能力，对经济发展和产业升级具有重要作用。

R&D溢出效应的发生机制主要包括三个方面：1）人才流动是空间溢出效应的重要渠道，通过人与人面对面的接触和当地社会关系的"嵌入"产生溢出效应。2）创新资本的流动对技术进步具有促进作用，但在不同地区的作用受制度和产业政策影响。3）企业集群和群内人力资本间的紧密联系促进了技术、知识和信息的流动。

此外，空间知识溢出的作用途径还包括员工流动、专利申请、会议和展览等，这些途径促进了企业间的交流和合作，推动了技术、知识和信息的传播。然而，企业间协作作为技术、知识和信息有效传递与扩散的重要方式，需要双方共同分担成本，单纯以成本换取的技术、知识和信息提升，并不构成"空间溢出"的有效方式。

3.2.5 区域经济非均衡理论

区域经济非均衡理论是经济学中用于解释和分析区域经济发展差异的理论，是由法国经济学家弗朗索瓦·佩鲁（Francois Perroux）首先提出并发展的。佩鲁在20世纪五十年代首次提出了"增长极"的概念，这被认为是非均衡理论的一个重要基石。增长极理论强调在区域经济发展过程中，经济增长首先出现在具有创新能力的行业或部门，然后通过不同的渠道向外扩散，对整个经济产生不同的影响。此外，非均衡理论还包括了其他一些重要的概念和理论，如冈纳·缪尔达尔的循环累积因果论、阿尔伯特·赫希曼的不平衡增长论等。这些理论都强调了在经济发展的过程中，不同区域之间会存在发展速度和水平的差异，即非均衡现象。

区域经济非均衡理论认为，在经济发展的过程中，不同区域之间会存在发展速度和水平的差异，即非均衡现象。这种非均衡现象可能由多种因素引起，包括区位条件、资源禀赋、政策环境、产业结构等。

该理论强调在经济发展的初级阶段，应该优先发展一类或几类具有带动性的部门或地区，通过这些部门或地区的发展带动其他部门或地区的发展。这种策略可以在一定程度上提高资源配置效率，促进经济快速增长。同时，这种非均衡发展可以看作是区域经济协调发展的一个必要阶段，因为它为经济的快速增长和产业升级提供了动力。区域经济的非均衡发展理论还提出，随着经济的增长，原先的优势地区或产业可能会因为资源的过度集中而产生“回流效应”，即生产要素从不发达区域流向发达区域，加剧区域间的不平衡。但同时，也存在着“扩散效应”，即生产要素从发达区域向不发达区域流动，有助于缩小区域发展差异。

随着经济的发展，非均衡现象可能会加剧区域间的差距。因此，区域经济协调发展的目标就是在实现经济快速增长的同时，促进区域间的均衡和协调发展。这包括通过政策引导和市场机制，促进生产要素向欠发达地区流动，支持这些地区的发展；加强区域间的合作与交流，打破行政壁垒，促进资源、技术和信息的共享；以及针对不同地区的实际情况，制定差异化的区域发展政策，确保各地区都能从经济发展中受益。

第4章　数字经济、区域创新与区域经济协调发展的影响机制

本章深入分析了数字经济发展水平对区域创新能力的多种影响机制，包括基本影响、非线性影响、空间溢出效应和异质性传导机制。同时，也探讨了区域间创新要素流动、数字经济发展水平对区域经济协调发展的影响机制，为后续章节的实证分析提供理论支持。

4.1　数字经济发展水平对区域创新能力的影响机制

4.1.1　数字经济发展水平对区域创新能力的基本影响

从企业的角度来看，一方面是由于信息化市场更加透明，以往靠信息不对称来获取利益的做法越来越难以实行，这个过程促使企业通过不断优化产品质量来提高自身的竞争力，从而进一步激发企业的创造能力。另一方面，数字经济的发展，在一定程度上重塑了供求关系，企业可以通过线上问卷发放、利用大数据推送广告、电子商务购物模式等方式来架起消费者与供给生产商之间沟通的桥梁。通过数据平台反馈的数据能够看出消费者对于产品类型的偏爱与需要，有助于供给方能够更好地迎合市场需求，提高自身产品研发成

功的概率。此外，通过数字技术赋能，能够更好地实现资源在不同企业之间的共享，促进创新要素在企业间贯通，促进协同发展，提高创新能力[164]。目前来说，中小企业技术创新是我国技术创新体系的重要组成，但面临着创新成本较高、融资困难等诸多问题，数字化时代的到来，为企业提供了更多的创新机遇与手段。

从产业的角度来看，数字经济以其高渗透性和共享性特征加速知识、技术等研发创新要素流动，增强创新主体的创新积极性并促进区域创新效率提升[165]。对于一些数字化产业来说，数据已成为重要的生产要素，由于数据本身具有排他性较小、非竞争性等特点，基本可以定义数据具有公共物品的属性，通过数据平台共享数据，以互联网为信息交流载体，传递技术、知识信息，有利于形成产业创新集群，提高区域创新能力[166]。传统产业通过信息技术不断升级改造，一方面，提高资源配置效率，减少生产成本，使得厂商增加对创新活动的成本投入；另一方面，数字技术的运用可以降低创新活动的成本，促进创新活动的发生。

从整体创新活动环境来看，数字经济发展为创新活动提供一个更加包容、开放的环境，促使创新主体能够更好地利用创新资源，协同创新环境共同作用，从而提高区域创新能力。一方面，数字基础设施建设为创新主体提供了较好的创新环境，通过利用 5G、云计算等数字技术重新调整创新的组合形式，赋能创新活动，催生出新的商业模式、新的产业。另一方面，数字经济也会对政府治理造成影响，使其出台各项制度变革，促使创新环境变得更加多样化发展，从而吸引更多的创新主体集聚，促进区域创新能力提升。数字经济发展对区域创新能力的影响机制如图 4－1 所示。

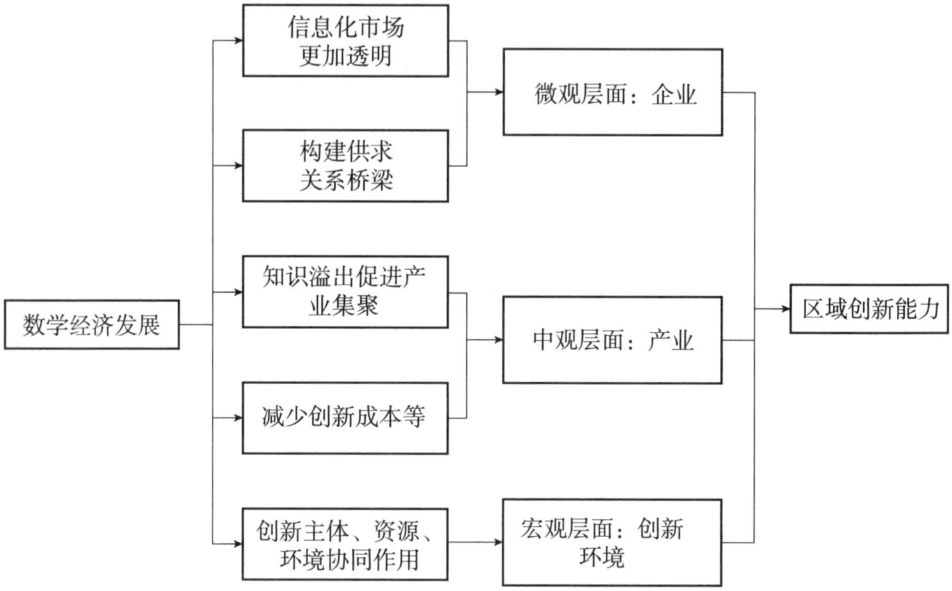

图 4－1 数字经济发展对区域创新能力的影响机制

由此得出假设：数字经济发展可以促进区域创新能力提升（假设H1）。

4.1.2 数字经济发展水平对区域创新能力的非线性影响

根据“梅特卡夫法则”所提出，网络价值等于网络内部节点数量的平方，即网络用户所获得的收益与网络用户有平方关系[2,167]。数字经济依托互联网为载体，利用数字经济进行生产经营活动。这使得数字经济具有很强的网络外部性，它的出现，不断模糊产业的界限，实现了不同区域、不同主体要素跨时间、跨空间的交流。数字经济发展为创新活动提供了数字技术以及优化资源配置，促进了创新活动部门内部与外部的产生。在这种背景下，我们认为，数字经济发展水平对区域创新能力的影响很有可能也存在着边际效益递增的非线性。具体表现如下。

1）数字经济可以通过减少创新主体所付出的成本，提高边际收益，促进区域创新能力提升。数字经济发展依托于现代网络这一载体，它也具有网络效应以及规模效应，在无数的数据处理与获取过程中，信息不断被分享甚至倍增，并快速传播与整合，使用者所得到的效用也可能呈现出规模递增趋势。数字技术赋能下，基于大数据的分析方法能有效克服此偏误，这就节约了创新活动所需要的大量资源。此外，随着数字技术应用的不断深化，使用人数和范围得到进一步拓展，这就产生了规模经济和范围经济，进一步降低创新的边际成本。此外，数字技术的应用具有正外部性。数字技术的运用打破传统生产要素的时空限制，能做到万物互联，在创新主体间形成完整的创新循环系统，其所包含的信息和知识具有较强的创新溢出效应，这一过程自然带动其他个体创新能力的提升，打破各创新主体间“相对封闭”的局面，从而有利于降低整个区域内部开展创新活动的平均成本。

此外，数字经济基础设施建设规模决定了地区数字经济的发展水平，当地区数字化发展较低时，创新主体所付出的信息成本较高，难以形成规模效应，或是对创新的促进效果较低；但当数字化发展较高时，创新主体通过数字技术不断获取生产信息知识时，所付出的信息边际成本也会不断减少，这样一来，创新主体不但会提高技术水平，而且所获得的创新收益也在增加，持续这个过程，最终数字经济发展水平对区域创新能力提升的推动力呈现出边际递增的趋势，会通过影响产业的生产、流通、分配、交换等环节进而提高产业效率，优化资源配置[168]。

2）数字经济可以通过渗透性这种特质，催生新的业态，呈现区域创新能力规模式增长。在数字经济发展初期，各地区、各部门之间存在信息壁垒，传统的经济模式难以实现要素跨部门、跨地区流通。随着数字经济覆盖面增大，它会打破传统模式的束缚，为各地区之间的联通提供了有效通道，使得创新主体能够更好地了解市场需求，更加及时地根据需求研发创新成果，升级原有的经济活动方式，抢占市场，进而引起一系列变革与创新。随着产业与数字经济的深度融合，不断赋能传统产业链，激发创新活力。在这个过程中，创新活动的发生往往会呈现出规模式增长，例如，5G技术与各大产业融合发展，形成“5G+”新业态。数字经济发展对区域创新能力的非线性影响机制如图4-2所示。

由此得出假设：数字经济发展与区域创新能力存在边际报酬递增的非线性关系（假设H2）。

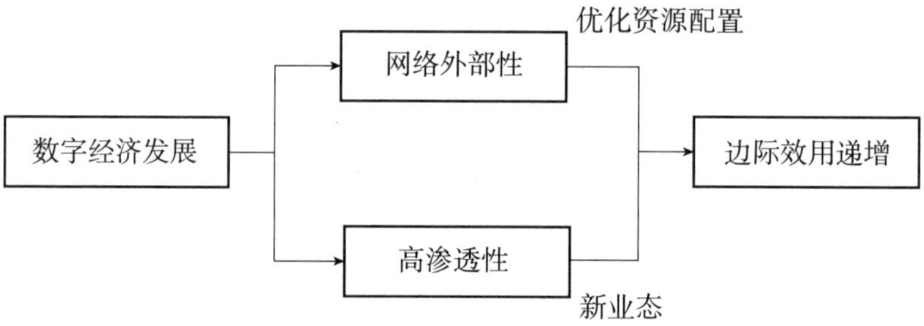

图4-2　数字经济发展对区域创新能力的非线性影响机制

同时创新能力发展也离不开知识产权保护这一制度因素。对企业来说，知识产权可以增加企业自主创新与抵御风险的能力。在创新的前期需要投入大量资源要素，如人力资本、资金等；不论是不是真的能研发出新成果，前期投入的这些资源大部分都会成为沉没成本[169]。数字时代下，信息较为透明且易得，可能会造成有其他企业窃取他人创新成果，制造出外形相似、功能相似、甚至连产品商标都相似的山寨产品，但在窃取他人成果的这个过程中，该企业并没有付出相应的创新投入资本。这样长期以来的后果就是各个行业不愿意投入创新成本，从而失去创新的动力，转而复刻别人的产品。我们认为，数字经济发展与区域创新能力之间的非线性关系会受到知识产权保护水平的影响。具体表现如下。

1）知识产权保护能够减少创新活动风险性。一方面，知识产权保护能够使创新主体获取垄断利益。在知识产权受保护的成果垄断时期内，数字产业创新能够克服非排他性从而获得垄断收益，填补前期投入的沉没成本，为创新主体赢得竞争优势，持续激励创新动力。另一方面，知识产权保护能够维护良好的创新环境。随着知识产权保护工作的深入开展，推动各地区对知识产权的立法、执法保障，从而使知识创新成果得到强制性保护，对于创新活动投资者而言，良好的知识产权保护能够减少对企业创新信息披露的担忧，有利于投资者有效预测、评价创新成果价值，提高投资意愿，进而为创新活动提供资金支持。

2）知识产权保护会影响知识外溢。从信息交换的角度来看，知识产权保护过于严格，会导致创新技术、成果的“合法垄断”，提高不同创新主体获取知识、技术的成本，这对于模仿型企业性来说，缺乏丰厚的研发实力及财力支撑，知识产权保护可能会抑制其创新性，最终造成大型企业市场垄断，小型创新企业难以进入市场[170]。另一方面，知识产权保护会抑制不同地区的信息传递，影响知识外溢，从而影响对创新能力的促进。知识产权角度下数字经济发展对区域创新能力的非线性影响机制如图 4－3 所示。

由此得出假设：数字经济发展与区域创新能力之间的非线性关系会受到知识产权保护水平的影响（假设 H3）。

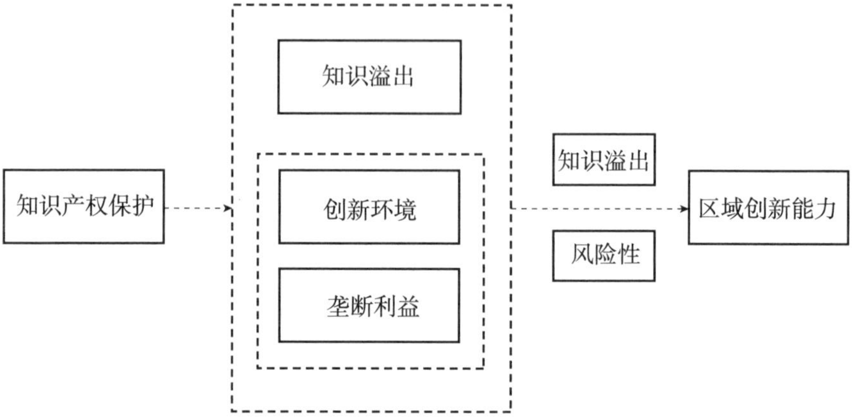

图 4-3　知识产权角度下数字经济发展对区域创新能力的非线性影响机制

4.2　数字经济发展水平对区域创新能力的空间溢出效应

数字经济正推动我国技术与产业变革升级，为创新主体不同区域资源整合提供外部支持。在这种背景下，我们认为，数字经济发展对区域创新能力的影响存在空间溢出作用。具体表现如下。

1）数字经济发展可以促进地区间资源要素重新配置。数字经济驱动下，产生平台经济、共享经济等新的商业模式，这类商业模式会充分根据创新主体的实际需求重新合理配置资源。例如，数字平台为区域间搭建交流沟通的桥梁，平台企业定期公布创新活动相关信息，周边地区投资者可以通过信息来投入相关要素，通过数据驱动形成高效匹配机制，从而实现本地区重新配置资源要素，提高创新效率[171]。

2）数字经济发展可以加快区域间要素流动。首先，跨境行为显著拓宽了创新的广度。在数字经济时代，跨境行为愈发明显和普遍，尤其是移动互联网的普及，使得人们能够随时接收和传输大量信息。这种信息流动的速度和规模前所未有，极大地促进了供求信息的快速匹配。为了满足消费者的需求，价值链正在不断地构建和结构化，同时催生了大量的创新活动，进一步丰富了创新产业的多样性。其次，差异化战略深化了创新的深度。随着消费者个性化和多样化需求的释放，企业为了能在激烈的市场竞争中脱颖而出，需要不断创新产品的功能、提高性能并进行相应的调整。这种对创新的持续追求不仅提高了企业的竞争力，也推动了整个地区创新能力的提升。现代信息技术网络的快速发展以及数字基础设施的普及与完善，打破了传统意义上的地理界限。这使得信息能够跨越时空在不同区域间自由传播，大大加快了要素流动的速度，有效减少了信息壁垒，降低了信息的不确定性，为创新活动提供了更加广阔的空间和更加便捷的条件。

通过不同地区创新主体之间建立高度数字连通性，促进创新主体间的跨区域合作加速区域之间的技术、人力资本等要素的流动，地区之间的知识与信息的传播交流更加频繁。这一系列的活动使得跨区域的分工协作与交流更具有效率，有力地促进了区域间的知识共享与溢出，进一步鼓励不同地区的开发者和供应商开展数字产品与服务创新，形成溢出效应。

3）数字经济发展可以减少创新成本。正如前文所讲，数据作为生产要素，不同于传统生产要素，它具备一定的非竞争性与非排他性，当越来越多的使用者参与其中，每个人所付出的成本是递减的，而效益呈现幂数增长。当创新产业集中在一个地区时，数字信息技术与生产要素能够在不同创新主体之间实现快速流通，减少区域间的合作交易成本，增大区域间交流合作的机会，形成溢出效应[172]。

4）数字经济发展会改善创新环境。数字经济的出现推动了政府治理框架与服务理念的改变，数字化治理成为政务服务工作主线，随着一个地区数字基础设施建设不断完善，为创新主体提供了良好的创新氛围，刺激该地区一系列创新活动的展开。然后，当中心地区创新资源优越，具备较为完善的创新制度环境以及基础设施，会产生“虹吸”效应，不断吸收周围地区的人力、投入资本等要素，从而促进本地区创新能力提升，抑制周围地区创新能力的发展。数字经济发展对区域创新能力的空间溢出作用如图 4－4 所示。

由此得出假设：数字经济发展对区域创新能力的影响存在空间溢出作用（假设 H4）。

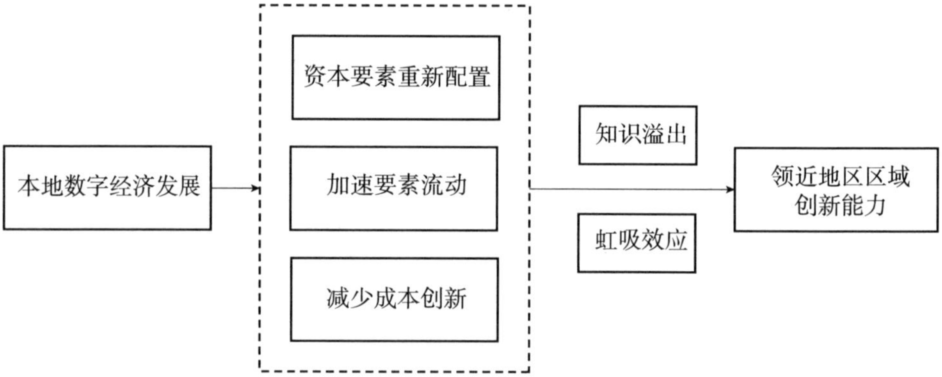

图 4－4　数字经济发展对区域创新能力的空间溢出作用

4.3　数字经济发展水平对区域创新能力的异质性传导机制

在我国的东部和中西部地区，由于经济发展基础和数字经济发展水平存在差异，数字经济对区域创新能力的驱动效应呈现出明显的区域异质性。各地区创新能力和经济水平发展的不平衡是中国长期面临的问题，这严重制约了经济高质量发展和创新驱动发展战略实施的深度与广度。数字经济的运用有望改善这一发展问题，通过促进信息流通、优化资源配置和提升生产效率，为区域创新能力的提升提供新的动力。

一方面，数字经济给发展相对落后地区带来了一定的后发优势。后发优势是指后发国家和地区经济发展相对落后和迟缓所形成的有利条件。根据后发优势理论，相对落后的地区在发展中可能更具优势，这种优势发挥的前提在于学习和模仿，通过学习先进地区的技术和发展经验，避免发展陷入误区。这一学习和模仿过程虽然同样需要付出一定的成本，但是与先进地区最初的创新成本相比，则大大降低。数字经济的出现成为相对落后地区将后发优势转变为现实的有利契机，进而缩小与先进地区的创新差距。我国中西部地区数字经济发展水平较低且创新能力远落后于东部地区，人力、物质、资本等资源利用效率也落后于东部较为发达地区，一旦数字经济发展迅速，通过数字技术参与到生活生产的各个方面，大幅提升其他资源的利用效率，进而使得区域创新系统内部的创新能力大幅增强。

另一方面，数字经济给相对落后地区带来了一定的比较优势。依据李嘉图的比较优势理论，各国在国际贸易中应当专注于生产并出口自身具有相对比较优势的产品，这样能够有效地提高各自的福利水平。进一步地，赫克歇尔-俄林的资源禀赋理论（H－O 理论）则明确指出，一国在密集使用其相对丰富且廉价的生产要素的产品生产上具备比较优势。虽然这些理论最初是围绕国家与国家之间的贸易问题展开的，但它们的基本原理同样具有广泛的适用性，特别是在讨论我国地区间的分工与发展问题时，这些理论为我们提供了有力的理论支撑和指导。通过深入分析各地区的资源禀赋、产业结构及市场需求，可以实现更加科学合理的区域分工与合作，推动整体经济的协调发展。

中西部地区人力、土地等生产要素相较于东部地区成本较低，相对较低的生产要素成本给中西部地区提供了创新发展的优势。由于数字经济缓解了信息不对称，减少了信息获取的成本，促使企业由高房价地区流入低房价地区，互联网放大了以房价为表征的拥挤成本的分散力，正在重塑中国的经济地理格局。在此契机下，可以适度引导企业向中西部地区合理集聚，这给中西部地区带来了创新、就业和发展机会。

由于中西部地区数字经济发展水平不高，一旦投入大量资金完善数字经济基础设施建设并大力发展数字技术，大幅缓解东中西部地区间尤其是企业间信息不对称问题，则会给中西部地区带来更多创新能力提升空间，创新驱动效应明显。这不仅是贯彻创新驱动发展战略的路径，同时还是实现区域协调发展进而实现地区高质量发展的重要路径。数字经济发展对区域创新能力的区域异质性传导机制如图 4－5 所示。

由此得出假设：数字经济对区域创新能力提升存在区域异质性传导机制（假设 H5）。

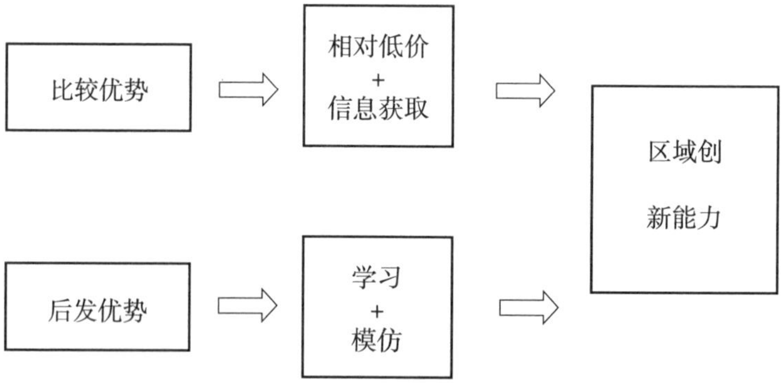

图 4－5　数字经济发展对区域创新能力的区域异质性传导机制

4.4　区域间创新要素流动对区域经济协调发展的影响机制

4.4.1　区域间创新要素流动产生的效应分析

区域间创新要素的流动可以带来多重积极效应。首先，它能够促进区域经济的发展，特别是在技术和人才方面。通过引进先进的技术和人才，地区可以显著提高生产效率，增强竞争力，从而推动经济蓬勃发展。其次，区域间创新要素的流动能够促进技术创新。这种流动使得不同区域之间的技术创新成果得以广泛交流和共享，有助于加速技术创新的步伐，提升整个社会的科技水平。此外，区域间创新要素的流动还促进了人才的跨领域交流和学习，进一步提升了人才的素质和能力。这种交流和学习不仅有助于人才的培养和成长，更为社会的发展提供了强有力的人才支持。最后，区域间创新要素的流动在市场规律的作用下，有助于实现区域间资源的合理配置。这种配置可以使资源得到更加高效、合理的利用，进而推动区域经济的协调发展，实现共赢的局面。

不同区域在创新资源的分配上可能存在不合理或不平衡的情况，这会影响到整体生产力的提升。如果不同区域之间的创新要素得以流动，就可以让那些原本被浪费或未被充分利用的创新要素得到更好的利用，从而提高整个地区的技术水平。如果一个区域内适度地集聚一些创新要素，就可以通过规模经济效应提高这些要素的利用效率，从而促进当地的技术进步。同时，如果不同区域之间的创新要素得以流动，就可以促进不同地区之间的创新知识技术的交流，从而实现知识在相关地区的溢出效应。由于知识溢出效应的存在，一些隐性的创新知识可以在不同地区之间扩散，对其他地区经济产生效果，这种效果也被称为效率红利，这意味着每个地区都可以享受其他区域的知识溢出产生的效率红利。

区域间创新要素的流动可能引发某些地区创新要素的过度流入或流出，经济发展受要素集聚程度的影响是非线性的。创新要素过度流入可能扼杀本地经济活动，而过度流出则可能使一些地区失去竞争优势。在市场机制作用下，当创新要素向相对发达地区集中超过一定程度时，就可能出现过度集聚的情况。过度集聚会导致人口拥挤和恶性竞争，使接收地区的基础设施使用过载，创新要素的回报率降低，利用率也会下降。对于相对欠发达的地区来说，较低的要素回报率会导致该地区的创新要素不断外流，这会产生回流效应。创新要素的流失会导致这些地区创新要素的储备短缺，限制其区域创新能力和经济发展。

4.4.2 创新人员及资本流动对区域经济协调发展的影响

新经济地理理论认为，因初始因素（即要素禀赋）在不同地域之间的分配差异，造成了不同地域之间的经济发展异质性，而这种异质性又是实现生产要素在不同地域之间自由流动的必要条件。对于R&D人员和控制R&D经费流向的专业人员来说，他们会根据市场需求、技术趋势、政策环境等因素，选择最有利的领域和项目进行投资，以获得最大化的效益和利润。这种趋势也导致了创新要素在不同地区和领域之间的流动和集聚。从宏观角度来看，中心城市在发展阶段主要依赖吸引周围地区的生产要素来推动自身的发展，这种现象在城市成长过程中比较普遍，中心城市通常拥有更为优越的资源和基础设施，以及更为完善的产业链和市场体系，能够吸引周围地区的生产要素（如人才、资本、技术和市场等）推动自身的发展。这种现象在城市化进程加速的今天，尤其突出。很多地区的城市化发展主要依赖于中心城市的辐射带动，中心城市的发展水平和竞争力也成了评价城市发展的重要指标之一。同时，中心城市在吸引周围地区生产要素的过程中也需要注重发挥自身的引领作用，通过优化产业结构、提升创新能力、加强城市治理等方面的努力，进一步提升城市的核心竞争力和影响力，实现可持续发展。

（1）创新人员流动与区域经济发展

创新人员流动对区域经济发展有着深远的影响。首先，创新人员的流动可以促进知识和技术的传播与融合，推动区域创新能力的提升。当创新人员流动到新的地区，他们会带来新的知识、技术和经验，并与当地的人才、企业和机构进行交流和合作，促进知识和技术的传播和融合，推动区域创新能力的提升。其次，创新人员的流动可以促进产业的转型升级和优化。创新人员的流动可以带来新的技术和思路，促进产业的转型升级和优化，提高区域经济的竞争力。特别是在新兴产业和高科技产业领域，创新人员的流动对于推动产业的发展和创新至关重要。最后，创新人员的流动也会对区域的人才竞争和经济发展带来挑战和机遇。随着全球经济一体化的加速，创新人员的流动将更加频繁和自由，不同地区之间的人才竞争也将更加激烈。对于区域经济来说，如何吸引和留住创新人才，提高人才的活跃度和创造力，是实现经济发展和创新驱动的重要任务之一。

（2）创新资本流动与区域经济发展

创新资本流动对区域经济发展也具有重要的影响。首先，创新资本的流动可以促进区域创新能力的提升。创新资本往往与创新人才和技术紧密相连，当创新资本流动到新的地区时，它会带来新的投资和经验，促进当地的企业和机构进行技术创新和产业升级，推动区域创新能力的提升。其次，创新资本的流动也可以促进产业结构的调整和优化。创新资本往往更加注重高附加值、高科技、高成长性的产业，当创新资本流动到新的地区时，它会促进当地的产业结构调整和优化，推动产业的转型升级和优化，提高区域经济的竞争力和创新能力。最后，创新资本的流动也会对区域的金融市场和投资环境带来影响。创新资本的流动可以促进区域金融市场的发展和完善，提高投资环境和风险管理能力，为区域经济的发展提供更多的资金支持和保障。因此，创新资本的流动对于区域经济发展非常重要，需要加强政策引导和支持，吸引和留住创新资本，提高区域的创新能力和竞争力，推动经济持续发展。同时，也需要加强金融市场建设和风险管理，提高投资环境和资金使用效率，为创新资本的流动提供更好的保障和支持。

我国地域辽阔，各地区的发展状况呈现出显著的不均衡态势。一些中心省市凭借其独特的地理位置、资源优势和政策支持，发展程度显著领先于其他地区，这是不容忽视的事实。在这种发展不均衡的背景下，各地在推进创新驱动发展战略时，即使存在微小的差异，也可能对创新要素的跨区域流动产生放大效应。这些流动包括创新人才和创新资本的跨地区配置和转移，它们对于促进区域经济的协调发展具有重要意义。区域间创新要素对区域创新能力的传导机制如图 4 - 6 所示。

由此得出假设：区域间创新人员流动能够产生溢出效应，促进区域经济协调发展（假设 H6）。区域间创新资本流动能够产生溢出效应，促进区域经济协调发展（假设 H7）。

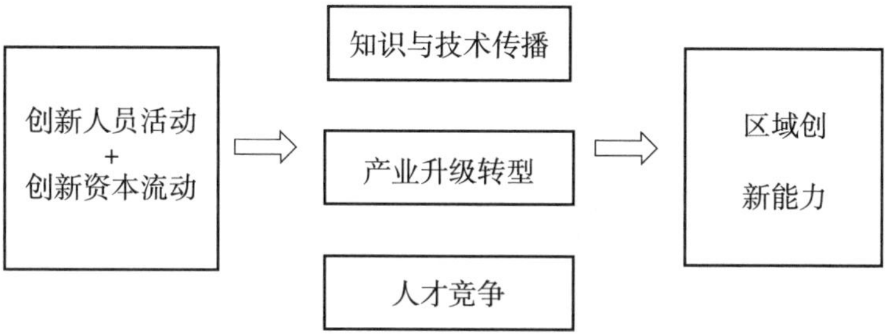

图 4-6　区域间创新要素对区域创新能力的传导机制

4.5　数字经济发展水平对区域经济协调发展的影响机制

我国各地区间自然禀赋不同，且发展条件、产业结构均存在显著差异，数字经济的发展极大改变了区域能源结构、产业结构和经济运行方式，有利于提升区域能源利用效率与经济产出效率，促进区域经济协调发展。

数字经济能够通过数字基础设施促进区域经济协调发展。首先，目前我国大部分地区对传统基建进行升级改造以及数字融合发展，从而搭建更加联通的数字基础设施平台。以 5G 通信、人工智能、工业互联网为代表的新型基础设施，为区域主体提供具有资源整合功能的便捷数字化平台，支撑数字化技术，分析应用经济活动产生的数据，促进多渠道融合与发展，打破区域间壁垒，提高区域间互动频率。其次，数字经济基础设施能够突破区域空间与时间的限制，充分提升人才、技术、知识以及资金等生产要素在区域间的传递速度，加强不同区域间的经济联系与合作，驱动生产要素流动，增强区域间的联系与连接，优化区域内的生产要素资源配置，促进经济高质量发展。最后，在政府加大数字新基建建设时，能够带来长期的、大规模的投资需求，能够吸引更多的社会资本，促进资本跨区域流动，通过市场化的运作增大投资的辐射范围，提高资金利用率，发挥投资的乘数效应，进而推动区域经济协调发展[152]。

数字经济能够通过产业数字化促进区域经济协调发展。产业数字化是由劳动密集型、低技术含量的传统产业通过数字技术深度融合成为具备高附加值与资本技术密集型的新兴产业，在这个数字融合过程中会引发劳动、知识、资本、技术等生产要素向产业数字融合度较高的行业、产业与地区集中，不断增加要素积累。在现代经济发展过程中，劳动生产率水平的提升对经济发展存在重大影响，为了追求经济高质量发展，实现产业更高的效益，更多的产业加入从低附加价值、技术水平向更高的附加价值、技术水平队列中，长此以往，会使得产业整体技术水平、生产率提升，推动区域经济协调发展[173]。

数字经济能够通过数字产业促进区域经济协调发展。数字核心产业包含数字产品制造业、数字服务业、数字技术应用业、数字要素提升业等四大产业。以电子信息产业为代表，其通常聚集在同一区域，这不仅为企业增加了更多的选择机会，而且搜索发展材料的成本也有所下降。信息技术的广泛应用可以将物质资源转化为信息资源，通过信息资源的开发，减少物质资源的消耗。整个经济有助于减少资源的总消耗和改善资源的利用。在企业聚集的区域内，对于上下游企业的共同集聚，有效地降低了企业应用中间产品的成本，这能够直接降低企业在生产过程中的成本。同时，这些厂商也能够获得质量更高的中间产品，原因是企业的大量积聚，为这些企业带来了一种外部的经济性，使企业能够在降低成本的条件下获得更好的收益，从而促进区域经济协调发展。

由此得出假设：数字经济发展水平可以促进区域经济协调发展

（假设 H8）。

从区域经济发展过程来看，技术水平能够提高要素生产效率，实现资源优化配置与成本最小化，通过技术研发、技术引进、产品开发、成果转化等方式，形成创新技术与创新产业，带动传统产业转型升级，促进产业结构向合理化转变，缩小与其他地区的经济差距。其次，科技创新能够通过提高地区吸收知识技术溢出的能力和条件，加快区域间知识和技术溢出，促进区域经济协调发展[174]。由此，我们认为创新能力可以有效提升区域经济协调发展水平。数字经济对区域经济协调发展影响的传导机制如图 4－7 所示。

由此得出假设：数字经济发展水平可以通过提升区域创新能力促进区域经济协调发展（假设 H9）。

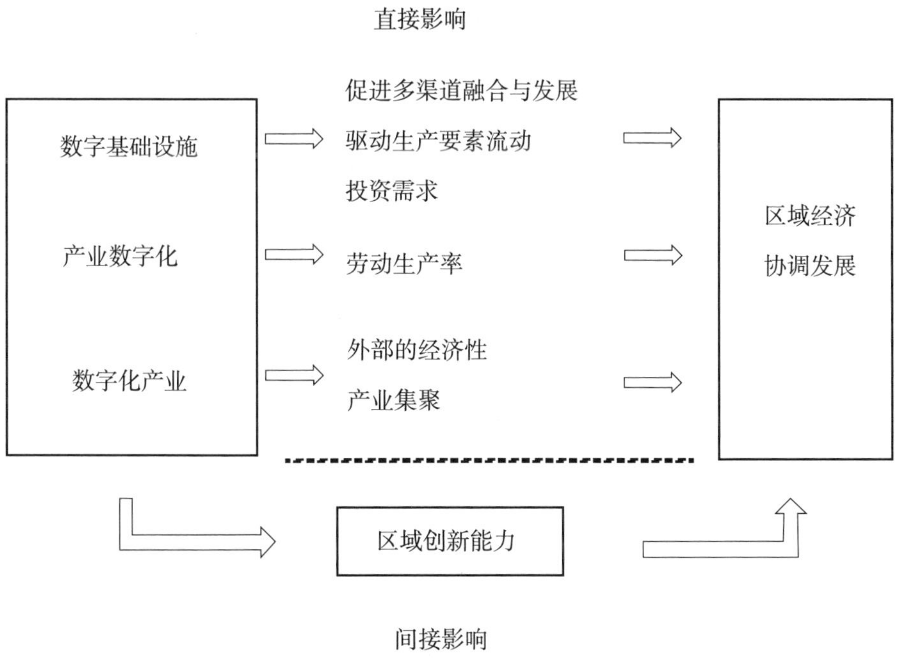

图 4－7　数字经济对区域经济协调发展影响的传导机制

4.6 本章小结

数字经济是一种以数据资源为关键生产要素、以现代信息网络为重要载体、以信息通信技术的有效使用为效率提升和经济结构优化重要推动力的经济活动。其高渗透性、共享性和外部经济性特征对传统产业产生了巨大影响，逐渐成为驱动地区经济增长的关键因素。在新时代背景下，创新驱动发展和区域协调发展上升为国家战略，数字经济发展水平的提升为增强区域创新能力、促进区域经济协调发展提供了强大动力。

本章深入分析了数字经济发展水平对区域创新能力的影响、区域间创新要素流动对区域经济协调发展的作用机制，以及数字经济对区域经济协调发展的整体影响机制。经过研究，提出了以下假设：

1）数字经济发展水平能够显著提升区域创新能力。通过构建透明的信息化市场、重塑供求关系、提高资源配置效率、减少生产成本以及优化协同创新环境等方式，数字经济发展水平能够促进区域创新能力的全面提升。同时，数字经济发展水平对区域创新能力的影响可能存在非线性特征。数字经济的发展依托于现代网络载体，具有网络效应和规模效应，使用者所获得的效用可能随规模递增。

2）数字经济发展与区域创新能力之间的非线性关系受到知识产权保护水平的影响。适当的知识产权保护能够激励创新动力，填补前期投入的沉没成本，维护良好的创新氛围。然而，过强的知识产权保护可能阻碍信息的区域间传播，削弱数字经济对区域创新能力的促进作用。

3）数字经济发展对区域创新能力的影响具有空间溢出作用。数字经济促进了知识的快速传播与跃迁，形成溢出效应。同时，这种影响在不同区域间存在异质性传导机制，为发展相对落后地区提供了后发优势，有助于缩小与先进地区的创新差距。

4）创新人员的流动对于知识和技术的传播与融合具有推动作用，进而提升区域创新能力。当创新人员流动到新的地区时，他们带来的新的知识、技术和经验能够促进当地人才、企业和机构之间的交流与合作，推动区域创新能力的提升。同时，创新要素的流动还有助于产业结构优化，促进区域经济协调发展。

5）创新资本的流动往往会带动技术和人才的流动，并优化金融市场和投资环境。这种流动提高了资源利用效率和配置合理性，通过排除冗余资本和重组闲置资源，改善了投入产出的耦合度，提高了劳动生产率，从而推动区域经济协调发展。

6）数字经济通过搭建数字共享平台、促进多渠道融合与发展、推动产业数字化提升劳动生产率水平以及整合资源降低成本等方式，直接促进区域经济协调发展。同时，数字经济还通过影响区域创新能力间接促进区域经济协调发展。

第 5 章　数字经济发展水平与区域创新能力指标构建及测度

本章构建了数字经济发展水平和区域创新能力的指标体系，并进行了相应的测度与结果分析。首先，明确了指标构建的原则，确保所选指标的科学性和合理性。其次，基于这些原则分别构建数字经济发展水平和区域创新能力的具体指标。最后，使用 2013—2021 年的省级面板数据，通过熵值法具体测算了数字经济发展水平及区创新能力，并从时间和空间两方面对指标特征进行分析。

5.1　数字经济发展水平评价指标体系构建

5.1.1　指标体系构建的原则

在构建数字经济发展水平评价指标体系时，需遵循如下原则。

（1）科学性原则

构建评价指标体系时，所运用的方法、内容等应建立在相应的理论基础之上，以确保评价体系的严谨性和可靠性。在设定各级指标时，应避免指标的冗余和重复，以提高评价效率。指标的选择不应仅仅出于方便或数据易得，而应着重考虑其是否能够真正代表数字经济的本质特征。在选取指标时，必须进行深入的分析和考量，以确保所选指标能够真实、准确地反映数字经济的逻辑属性。此外，还需结合地区社会、经济发展的情况，确保所构建的指标体系能够真实反映所测度对象的实际情况。

（2）系统性原则

由于不同地区的地理条件存在显著的空间差异，衡量数字经济发展水平需要确保指标体系的每个指标能够全面、多维度地诠释数字经济的发展状况。因此，选取的各级指标之间应存在一定的内在关联，具有内在的逻辑联系，相互补充，共同构成一个有机整体，全面反映数字经济的各个方面和维度。

（3）可得性与可靠性原则

由于数字经济涉及的领域广泛、数据种类繁多，因此在选择评价指标时，必须重视数据的可得性，充分考虑数据的获取难易程度。尽量简化指标的数量和复杂度，以减少数据收集的难度，优先考虑那些能够直接从现有统计资料、公开数据或可靠渠道获取数据的指标。同时，要注意数据来源的可靠性、真实性和完整性，应采用权威的数据来源，确保评价结果的准确性和公正性。

（4）独立性与差异性原则

独立性原则强调评价指标之间的界限应该清楚明晰，每个指标都应该独立地反映数字经济的某个方面或特征。在计算评价指标时，要确保每个指标的计算过程都是独立的，不受其他指标的影响。差异性原则指的是，评价指标需要在内涵上有明显的差异，使人们能够分清它们之间的不同之处。在定义评价指标时，要确保每个指标都具有独特的内涵和定义，确保每个指标关注的内容是不同的。

5.1.2 评价指标及数据来源

目前，国内学者针对数字经济发展水平的评价指标构建已进行了广泛研究（表5-1），大部分学者在构建这一指标体系时，从数字基础设施、数字产业以及产业数字化等维度出发对数字经济发展水平进行评价。这些维度不仅涵盖了数字经济发展的基础支撑，也涉及了其核心产业以及与传统产业的融合应用，从而能够较为全面地反映数字经济的整体发展水平。

表5-1 关于数字经济发展水平评价指标体系的已有研究

二级指标	三级指标	来源
数字基础设施指数	互联网宽带接入端口；移动互联网人均接入流量；移动电话普及率；每百家企业拥有网站数	钟文和郑明贵[149]
数字产业指数	信息传输、软件和信息技术服务业增值/GDP；计算机、通信和其他电子设备制造业增加值/GDP；数字经济相关企业数；ICT投资占区域社会总投资比重	
数字融合指数	区域电子商务采销额/区域GDP；两化融合发展指数；在线政府指数；数字生活指数	
数字基础（硬件设施、网络资源）	每平方千米的移动电话基站个数；每平方千米长途光缆线路长度；每平方千米互联网宽带接入端口；百人拥有的互联网域名数；人均互联网网页数；每百人拥有的IPv4地址数	王志刚，等[175]
数字产业（电子商务、市场规模、新兴产业）	电子商务销售额；电子商务采购额；电信业务总量；网上零售总额；移动互联网接入流量；新增大数据企业数；新增云计算企业数；新增数字科技企业数；新增人工智能企业数	
数字环境（创新能力、智力支持、数字应用）	R&D经费支出占GDP的比重；规模以上工业企业有效发明专利数；每十万人口中接受高等教育的在校生人数；研究生毕业人数；数字电视用户数占家庭户数比重；每百人拥有4G移动电话台数；每百家企业拥有网站数；每百人使用计算机台数	

续表

二级指标	三级指标	来源
数字基础设施	移动电话普及率；移动电话普及程度；移动电话基站；移动电话基础设备；域名数；互联网域名资源配置；网页数；互联网应用程度；互联网宽带接入用户；互联网宽带使用状况；互联网宽带接入端口；互联网接入设备情况；IPv4 地址数；互联网协议情况	刘洋和陈晓东[2]
数字产业化	信息传输、软件和信息技术产业企业单位数；数字产业企业数；信息传输、软件和信息技术产业主营业务收入；数字产业营业水平；信息传输、软件和信息技术产业从业人数；数字产业就业情况；软件业务收入；数字化软件业务水平	
产业数字化	企业拥有网站个数；企业数字化软件设备；每百人使用计算机数；企业数字化基础设备；有电子商务交易活动企业数；企业数字化交易情况；电子商务销售额；企业数字化营业能力	

在考虑指标体系构建的科学性、系统性、可得性与可靠性的基础上，借鉴学者们的已有研究，确定以“数字经济发展水平”作为一级指标，以“数字经济基础设施”“数字产业化”“产业数字化”作为二级指标。

（1）数字经济基础设施

数字经济是以数据作为关键生产要素，依托现代信息化网络，利用信息化技术，进行生产经营的一系列经济活动。这个过程离不开信息化网络这个重要载体，互联网作为现代信息化网络的重要组成部分，对数字经济基础设施建设有着重要作用。因此，综合考虑数据可得性，选取光缆长度、互联网宽带接入端口数、互联网域名数、移动电话普及率、互联网上网人数 5 个细分指标作为数字经济基础设施的三级指标。

（2）数字产业化

数字产业化是以数字技术的手段对信息进行加工，提供数字产品、服务等一系列经济活动，以数据赋能产业。主要包括计算机、通信等电子设备制造业、电信、互联网等传输服务业、软件和信息技术服务业这几大类。考虑数据可得性，选取软件业务收入、信息服务业从业人数占比、人均电信业务量3个细分指标作为数字产业化的三级指标。

（3）产业数字化

产业数字化是指以数据作为关键要素，利用现代数字技术赋能，对产业链的全要素进行数字化升级、转型和再造的过程。由于在产业数字化转型过程中，难以界定增值是数字化应用带来的还是传统生产方式带来的，导致这一指标测度难度较大。根据已有研究及数据可得性，选取人均电子商务销售额、数字金融数字化程度、每百家企业拥有网站数3个细化指标作为产业数字化的三级指标。电子商务可以作为纽带，带动生产制造数字化转型，电子商务交易活动在一定程度上可以反映出该产业数字化、智能化转型的程度。

数字经济发展水平评价指标体系如表5-2表示。

上述指标对应的数据查找自历年的《中国电子信息产业统计年鉴》《中国信息产业年鉴》《中国统计年鉴》《中国科技统计年鉴》，各省、市的统计年鉴，国家统计局网站等。此外，对于部分缺失的数据采取线性插值法进行补充。另外，考虑到西藏、香港特别行政区、澳门特别行政区和台湾四个地区的特殊性与数据可得性，在测算过程中剔除了这四个地区的数据，一共得到2013—2021年30个省级面板数据，以此测算我国各省份数据经济发展综合指数。

表 5-2　数字经济发展水平评价指标体系

一级指标	二级指标	三级指标	指标属性	单位
数字经济发展水平	数字经济基础设施	光缆长度	正向	千米
		互联网宽带接入端口数	正向	万个
		互联网域名数	正向	万个
		移动电话普及率	正向	每百人部数
		互联网上网人数	正向	万个
	数字产业化	软件业务收入	正向	万元
		信息服务业从业人数占比	正向	%
		人均电信业务量	正向	亿元
	产业数字化	人均电子商务销售额	正向	亿元每万人
		数字金融数字化程度	正向	%
		每百家企业拥有网站数	正向	个

5.2　数字经济发展水平指标测度及结果分析

5.2.1　指标测度方法选取

本章拟通过 5.1.2 节建立的 11 个三级指标体系来测算数字经济发展水平，并对相关指标赋予权重。指标权重的赋权方法主要可以分为：主观赋权法、客观赋权法和主客观赋权法。主观赋权法主要依赖于专家的主观经验和判断，如德尔菲法（专家调查法）和层次分析法。这种方法具有较强的主观性，权重的确定直接受到专家个人主观看法的影响，主要基于专家的经验和直觉，它可能无法准确地反映指标的综合指数。客观赋权法则主要依赖于指标的原始信息和客观环境，如主成分分析法、聚类分析法、标准差法、熵值法、极差法及多目标规划法等。客观赋权法完全基于数据和事实，较少受到专家个人主观意愿的影响。虽然这种方法有时可能与特定事件不完全匹配，但其客观性使得它在确定权重时更为科学。

熵值法作为客观赋权法的一种，因其在确定权重方面的科学性和客观性被经济学界广泛采用。它通过分析指标的离散程度和信息熵，为指标赋予相应的权重，能够较为准确地反映指标在综合评价中的重要性。

熵值法是一种基于数据本身的波动来进行赋权的数学方法，用于判断某个指标的离散程度。离散程度越大，该指标对综合评价的影响越大。在信息论中，熵是对不确定性的一种度量。信息量越大，不确定性就越小，熵也就越小；信息量越小，不确定性越大，熵也越大。根据熵的特性，可以通过计算熵值来判断一个事件的随机性及无序程度，也可以用熵值来判断某个指标的离散程度。在使用熵值法时，首先需要对原始数据进行无量纲处理，使其具有可比性。然后，可以利用信息熵这个工具，计算出各个指标的权重，这些权重值可以帮助我们了解不同指标在评价体系中的重要性程度。另外，需要注意的是，由于熵值法的计算过程要求数值中不能存在 0 或负数，否则就无法计算出结果。因此，在使用熵值法时，需要对数据进行适当的处理，以确保数据的可用性。

本章在对数字经济发展水平测度过程中，首先采用熵值法计算各级评价指标的权重，然后将权重乘以经过无量纲化处理后的指标数据得到数字经济发展指数。

熵值法具体计算步骤如下。

（1）指标数据无量纲化处理

由于各指标数据单位量纲不同，首先需要进行无量纲化处理，（当指标属性为负向时，需要对指标进行正向化处理，这里不涉及），计算

公式为

$$x'_{ij}=\frac{x_{ij}-\min(x_j)}{\max(x_j)-\min(x_j)} \tag{5-1}$$

式中　x_{ij}——第 i 个省份第 j 个研究的基础指标；

x_j——所有年份与省份下的第 j 个基础指标。

由于标准化后的指标取值范围在 [0，1]，为消除 0 对后续计算的影响，将每个标准化后的指标都加上 0.000 1，即

$$x''_{ij}=x'_{ij}+0.0001 \tag{5-2}$$

（2）确定各指标的信息熵

指标的信息熵 E_j 计算公式为

$$E_j=-\frac{1}{\ln n}\sum_{i=1}^{N}P_{ij}\ln P_{ij} \tag{5-3}$$

式中　P_{ij}——计算第 j 个指标第 i 个项目的数值比重，$P_{ij}=\frac{x'_{ij}}{\sum_{i=1}^{n}x'_{ij}}$。

（3）计算信息效应值

信息效应值 G_j 的计算公式为

$$G_j=1-E_j \tag{5-4}$$

（4）计算各指标权重

各个指标权重的计算公式为

$$W_j=-\frac{G_j}{\sum G_j} \tag{5-5}$$

（5）计算数字经济发展指数

根据标准化后的指标 x_{ij} 及权重 W_j，求出数字经济发展指数，计算公式为

$$x'''_{ij}=\sum x''_{ij}W_j \tag{5-6}$$

5.2.2 指标体系权重分析

根据上述步骤可以得到数字经济发展水平评价体系指标权重及数字经济发展水平测度结果（表5-3、表5-4）。

（1）数字产业化指标权重

根据表5-3所示数据，数字产业化在数字经济发展指数中的权重数值最高，达到了0.434，这一数值反映了在当前阶段，数字产业化对于数字经济发展的重要性。通过数字技术手段对信息进行深度加工，数字产业提供了丰富的数字产品和服务，尤其是在前沿技术产业中，如大数据、云计算、区块链、人工智能等，有力推动了数字经济的发展。同时，新兴行业的场景建设亦正在兴起。这些场景创新以线下互动、沉浸式消费者体验和多样化服务提供为主要特征，不断演变并探索更为有效、有价值且可持续的营销路径，以实现新兴行业的快速增长。

（2）数字经济基础设施指标权重

数字经济基础设施在数字经济发展指数中的权重数值为0.341，这一数据说明了数字经济基础设施在推动数字经济发展中的核心地位。各地区在发展数字经济时，以数字经济基础设施搭载的应用服务为基础，推动了信息技术的广泛传播和深入应用，使其渗透到经济和社会生活的各个领域。数字基础设施通过提供技术应用服务，实现了信息、数字化和智能化在经济和社会生活各个方面的转化。它提高了资源分配的效率，促进了低碳绿色转型的经济和社会发展，支持了技术和商业模式创新与经济活动的紧密结合，从而显著提升了整体生产力。数字基础设施为新技术、新应用、新形式和新产业平台的开发提供了重要载体。例如，数字技术和信息网络的深度融合，不仅与铁路、公路、机场等国家主要基础设施紧密结合，还与水、电、气等基础设施广泛互动，使得基础设施具备了全方位感知、全方位集成和智能服务的能力。这种数字化能力在服务经济高质量发展中发挥着战略引领、基础支撑和先导驱动的作用。

“数据＋”正逐渐成为基础设施的通用技术支撑，为经济活动所需的大规模数据流的收集、传输、存储、计算和应用提供了强有力的支持。此外，通过数据共享、包容性计算、算法“自助”等创新服务模式，数字基础设施确保了所有经济行为体能够平等地获得数字技术带来的红利，进一步推动了经济的均衡和可持续发展。

（3）产业数字化指标权重

产业数字化在数字经济发展指数中所占的权重为 0.225，尽管这一数值相较于数字产业化和数字经济基础设施的权重较小，但并不意味着产业数字化在数字经济发展中的作用低。相反，作为工业、农业大国，我国拥有丰富的传统产业资源和要素，这为产业数字化提供了巨大的发展前景和潜力。数字技术与技术、流程、知识的深度融合已经在多个行业中引发了系统性和革命性的突破。它从根本上改变了传统行业的形态和服务模式，创造了新的消费理念、业务活动和价值空间，为经济增长注入了新的活力。这种变革使得不同服务业之间的跨界融合成为了一种常态。

在数字化时代，传统产业面临着巨大的发展空间和机遇。然而，要实现传统产业的数字化转型，需要经历一个长期的过程。在这个过程中，我们需要充分发挥产业优势，积极采用数字科技变革生产工具。同时，要以数据资源为关键生产要素，以数字内容重构产品结构，以信息网络作为市场配置的重要纽带，以服务平台作为产业生态的载体，以及以数字善治作为发展的机制条件。通过这些措施，可以推动传统产业实现数字化转型，进而推动整个数字经济的持续发展。

表 5-3 数字经济发展水平评价体系指标权重

一级指标	二级指标	权重	三级指标	权重
数字经济发展水平	数字经济基础设施	0.341	光缆长度	0.065
			互联网宽带接入端口数	0.060
			互联网域名数	0.131
			移动电话普及率	0.029
			互联网上网人数	0.056
	数字产业化	0.434	软件业务收入	0.191
			信息服务业从业人数占比	0.115
			人均电信业务量	0.128
	产业数字化	0.225	人均电子商务销售额	0.165
			数字金融数字化程度	0.050
			每百家企业拥有网站数	0.010

5.2.3 数字经济发展水平指标测度结果与分析

（1）综合指数分析

从表 5-4 可知，2013—2021 年我国数字经济发展水平各地呈现出不同的增长势态，但在 2021 年数字经济发展水平普遍下降，主要是受新冠疫情影响。2021 年由于全年各个地区新冠疫情频发，复工复产不断延迟，企业不可避免地受到宏观环境的影响。

表 5-4 2013—2021 年各地数字经济发展水平测度结果

地区	2013	2014	2015	2016	2017	2018	2019	2020	2021
北京市	0.228	0.256	0.320	0.348	0.389	0.459	0.555	0.625	0.621
天津市	0.049	0.061	0.082	0.082	0.087	0.119	0.155	0.199	0.130
河北省	0.065	0.073	0.089	0.101	0.118	0.160	0.195	0.216	0.156

续表

地区	2013	2014	2015	2016	2017	2018	2019	2020	2021
山西省	0.041	0.047	0.058	0.060	0.072	0.114	0.136	0.164	0.097
内蒙古自治区	0.039	0.043	0.053	0.054	0.072	0.099	0.137	0.169	0.090
辽宁省	0.090	0.103	0.121	0.113	0.124	0.150	0.180	0.202	0.140
吉林省	0.036	0.043	0.052	0.053	0.066	0.095	0.116	0.141	0.070
黑龙江省	0.048	0.054	0.062	0.057	0.073	0.089	0.112	0.132	0.077
上海市	0.197	0.187	0.219	0.238	0.248	0.293	0.352	0.408	0.376
江苏省	0.190	0.213	0.253	0.277	0.309	0.364	0.417	0.457	0.378
浙江省	0.143	0.171	0.224	0.260	0.278	0.321	0.389	0.417	0.398
安徽省	0.049	0.057	0.077	0.089	0.107	0.153	0.194	0.226	0.164
福建省	0.089	0.101	0.135	0.181	0.256	0.284	0.309	0.276	0.224
江西省	0.033	0.041	0.058	0.060	0.081	0.117	0.157	0.185	0.116
山东省	0.167	0.166	0.179	0.194	0.209	0.264	0.295	0.324	0.296
河南省	0.065	0.079	0.104	0.121	0.133	0.190	0.226	0.243	0.176
湖北省	0.062	0.072	0.103	0.107	0.120	0.164	0.208	0.230	0.171
湖南省	0.053	0.064	0.080	0.099	0.114	0.147	0.194	0.217	0.150
广东省	0.259	0.285	0.336	0.374	0.391	0.501	0.587	0.636	0.578
广西壮族自治区	0.033	0.041	0.051	0.059	0.072	0.110	0.161	0.200	0.125
海南省	0.029	0.036	0.048	0.043	0.060	0.094	0.129	0.151	0.064
重庆市	0.045	0.060	0.076	0.084	0.100	0.141	0.183	0.222	0.143
四川省	0.087	0.106	0.137	0.154	0.182	0.227	0.279	0.311	0.249
贵州省	0.028	0.034	0.046	0.050	0.067	0.110	0.163	0.201	0.114
云南省	0.040	0.048	0.060	0.057	0.072	0.114	0.152	0.187	0.105
陕西省	0.055	0.065	0.082	0.088	0.104	0.152	0.200	0.228	0.149
甘肃省	0.025	0.030	0.042	0.039	0.052	0.084	0.113	0.141	0.065
青海省	0.018	0.022	0.041	0.032	0.041	0.084	0.115	0.146	0.048
宁夏回族自治区	0.020	0.025	0.032	0.030	0.048	0.084	0.115	0.150	0.043
新疆维吾尔自治区	0.022	0.025	0.031	0.026	0.030	0.053	0.094	0.136	0.081

与此同时，数字经济成为特殊时期的新动能，虽然能够减少疫情带来的冲击，但也受其影响。对于一些经济发展较好的省份来说，这种影响较小；对于经济发展不好的省份来说，这种影响更大一些。2013—2020年，广东省数字经济发展水平一直排名第一，北京市、江苏省数字经济发展水平紧随其后。2021年北京市数字经济发展水平超过广东省，成为全国数字经济发展水平第一的地区。

（2）时间演变特征

根据表5-4的数据，绘制了2013—2021年数字经济发展水平指数及增长率的图形（图5-1）。从图中可以看出，我国数字经济的发展呈现出逐年稳定上升的趋势，显示出持续增长的活力。然而，增长率的大小则呈现出下降式的周期波动，这表明数字经济发展在保持增长的同时，其增速在经历着一定的调整和波动。具体来看，2014—2018年间，我国数字经济发展水平的平均增长率超20%，2019—2021年间，数字经济发展水平的平均增速不到10%，尤其是2020年，增长率仅为5%，较上一年下滑4个百分点，我国数字经济发展水平增长较为缓慢，且增长率处于最低状态。虽然2021年数字经济发展水平指数增长率上升到11%，但还是小于2018年水平。

其中，2015年数字经济发展水平指数增长率达到最高50%，探究其快速增长的原因主要有：1）2015年，我国开展“互联网+”活动。当年3月，“互联网+”首次写入政府工作报告，成为我国国家层面经济高质量发展的重大举措，这对加快体制机制改革，实施创新驱动战略，打造大众创业、万众创新和增加公共产品、公共服务“双引擎”具有重要意义。7月，国务院印发《关于积极推进“互联网+”行动的指导意见》，将“互联网+”创新创业、协同制造、现代农业、电子商务等11个重点行动领域作为今后重要发展任务。10月，“互联

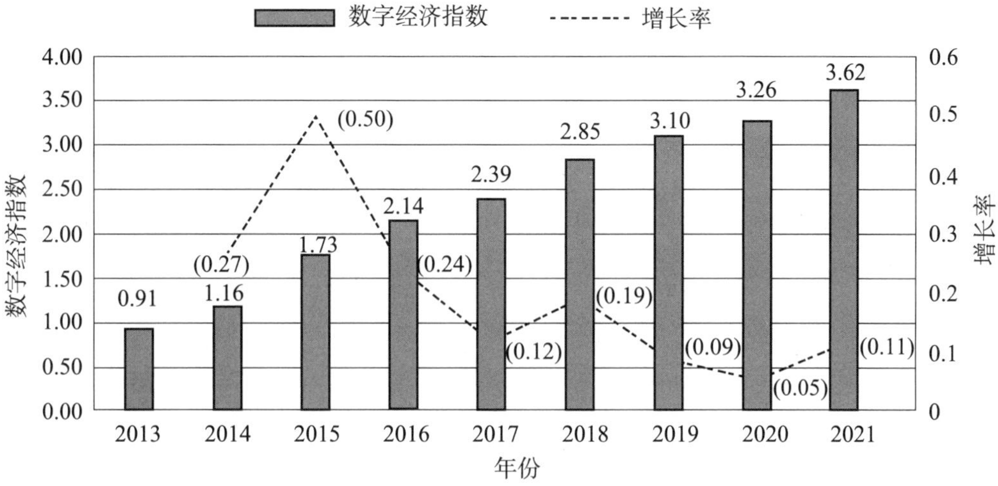

图 5－1　2013—2021 年数字经济发展水平指数及增长率

网＋”行动计划首次通过“十三五”规划会议，规划明确提出实施网络强国战略，实施“互联网＋”行动计划，发展分享经济，实施国家大数据战略。“互联网＋”行动计划的全面推进，促进信息化与农业、工业、服务业全面对接、融合发展，分享经济蓬勃发展，助推传统产业提升发展质量和效益，推动经济转型升级[176]。2）2015 年，我国数字经济规模约为 18.6 万亿元（约合 2.7 万亿美元），位居世界第二。互联网发展和实体经济的充分结合成为我国经济发展的重要任务，数字经济已然成为当前中国经济发展“新常态”下经济增长的新动力。

2016—2018 年间，中国数字经济发展增速较高，主要原因有以下三方面：1）数字技术创新能力得到快速提升，新技术、新产品、新业态在人工智能、大数据、云计算等领域不断涌现，促进了数字技术与实体经济深度融合，形成了数字经济发展的新格局。2）数字经济发展环境得到了显著改善，这三年期间，政府出台了一系列政策，如信息技术发展纲要、大数据发展促进行动计划等，以加快培育经济发展新动能，优化数字经济的发展环境。3）国内外开放合作日益扩大，世界互联网大会、世界人工智能大会等平台成为全球数字经济交流与合作的重要舞台，“一带一路”数字经济战略合作以及京津冀、长三角、粤港澳等地区的协同互补优势不断深化，进一步推动了数字经济的繁荣发展。

2019—2021 年，全球贸易保护主义抬头以及地缘政治局势紧张导致了全球经济增速放缓和市场不确定性增加。这一趋势也影响到了我国数字经济发展，因为数字经济作为全球化的产物，其增长与全球经济环境紧密相连，全球经济局势紧张给我国数字经济增长带来了显著的压力。与此同时，新冠疫情的出现对我国的经济活动也产生了严重冲击，对数字经济的正常运营和发展造成了一定程度阻碍。随着数字经济的快速发展，政府也加大了对数字经济的监管力度。强监管的目的是为了维护市场秩序和保护消费者权益，但过于严格的监管也在一定程度上制约着数字经济的创新和发展。一些新兴的数字技术和服务可能因为严格的监管而难以推广和应用，进而影响了数字经济的增长势头。

选取 2013 年、2017 年、2021 年数据，对各地区数字经济发展水平进行对比，具体如图 5－2 所示。

从图 5－2 中可以看出，我国部分地区如广东省、北京市、江苏省、浙江省等地区数字经济发展水平指数远远高于省份平均水平，部分地区数字经济发展水平指数较低，拉低了我国的平均水平。由于各地区产业结构、数字基础设施等基础要素存在差异，导致目前我国数字经济发展存在区域鸿沟。以广东省、北京市、江苏省、浙江省、上海市、山东省、四川省为第一梯队，数字经济发展水平增长呈现出明显上升趋势；第二梯队由福建省、河南省、湖南省、湖北省、安徽省、

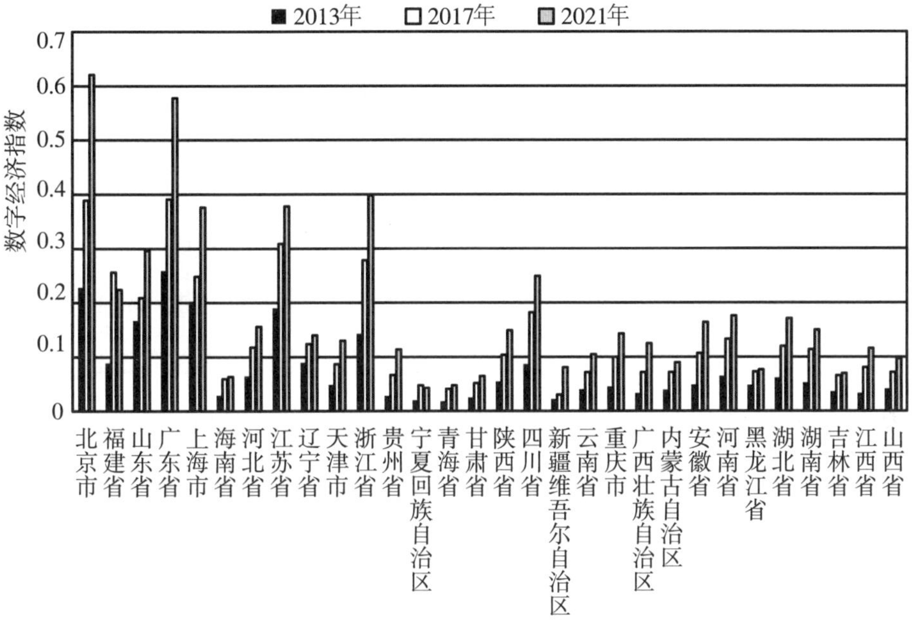

图 5－2　部分年份各地区数字经济发展水平对比

河北省、陕西省、重庆市构成，其余省份构成第三梯队。第一梯队数字经济发展水平平均超过第三梯队 4.5 倍，说明我国亟须采取一些措施推动落后地区的追赶效率，缩小地区间的差距。

（3）空间演变特征

依照各省级行政区自然资源分布和经济社会发展水平，把全国大致分为东部、中部、西部三个经济地带。东部经济地带包括：北京市、福建省、山东省、广东省、上海市、海南省、黑龙江省、河北省、江苏省、辽宁省、天津市、吉林省、浙江省等 13 个省级行政区；这一地带是中国开放的门户，拥有良好的基础设施、高城市化水平和科技文化，是主要的农业基地和工业区。中部经济地带包含安徽省、河南省、湖北省、湖南省、江西省、山西省等 6 个省级行政区，这一区域位于中国腹地，承担着承东启西的作用，拥有丰富的能源和矿产资源，是农林牧产品的重要产区，重工业发达。西部经济地带主要包含内蒙古自治区、贵州省、宁夏回族自治区、青海省、甘肃省、陕西省、四川省、新疆维吾尔自治区、云南省、重庆市、广西壮族自治区等 11 个省级行政区，这一地区位于中国西部边远地区，拥有丰富的能源和矿产资源，同时也是少数民族聚居区。在中国的发展战略中，这三个经济地带各有其特点和优势，相互之间通过优势互补，促进协调发展。

表 5－5 和图 5－3 分别为 2013—2021 年我国东中西部地区数字经济发展水平均值和走势。从图表中可以看出，第一梯队部分大多来自东部地区，第二梯队部分大多是中部地区，而第三梯队部分大多是西部地区。2021 年，东部、西部、中部地区数字经济发展水平均值分别为 0.306、0.123、0.112，呈现出东、中、西部地区从高到低发展水平。由此可以看出，区域之间数字经济发展水平呈现出明显的差别，并且这个差别的趋势在逐步拉大，第一梯队的数字经济发展水平提升速度明显高于其他梯队，区域间发展不平衡。

表 5－5　2013—2021 年分区域数字经济发展水平均值

年份	东部	中部	西部	总平均
2013	0.128	0.048	0.038	0.071
2014	0.150	0.056	0.046	0.084
2015	0.182	0.072	0.060	0.105
2016	0.201	0.078	0.062	0.114
2017	0.224	0.093	0.077	0.1316
2018	0.274	0.130	0.116	0.173
2019	0.324	0.164	0.158	0.215
2020	0.356	0.190	0.192	0.246
2021	0.306	0.123	0.112	0.180

根据图 5－3 可以看出，东、中、西部地区数字经济发展水平与整

体平均水平走势相似，2013—2020 年都呈现出逐渐上升态势，2021 年呈现下降趋势。东部地区数字经济发展水平远高于中西部及整体平均水平，说明我国东部地区数字经济发展水平较高，为拉动我国地区平均数字经济发展水平做出重大贡献，呈现出东部领跑、中西部追赶的形式。

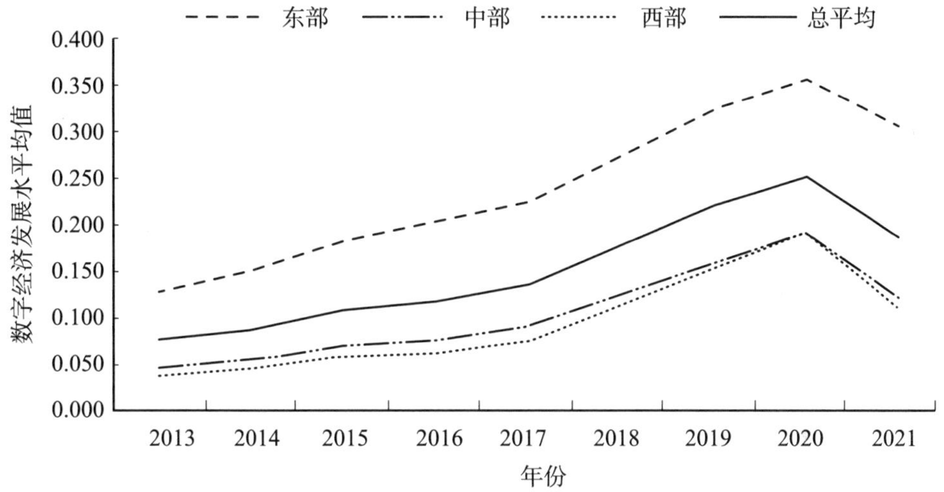

图 5－3　2013—2021 年分区域数字经济发展水平均值走势

图 5－4～图 5－6 分别是东中西部地区数字经济发展水平二级指标。图中具有一个共同特征，即产业数字化指标均高于其他两个指标，说明产业数字化转型是促进数字经济发展的关键。从图 5－4 可以看出，2013—2020 年东部地区数字经济基础设施呈现逐年递增趋势，但增长速度较低，而数字产业化与产业数字化两个指标增速较快。此外，东部地区数字经济基础设施水平明显领先于中西部地区，这充分展现了东部地区在数字经济基础设施方面所具备的坚实基础，为推动该地区的数字经济发展奠定了良好的基石。总体来看，东部地区数字经济基础设施、数字产业化、产业数字化三个二级指标数值均大于中西部

地区的数值。

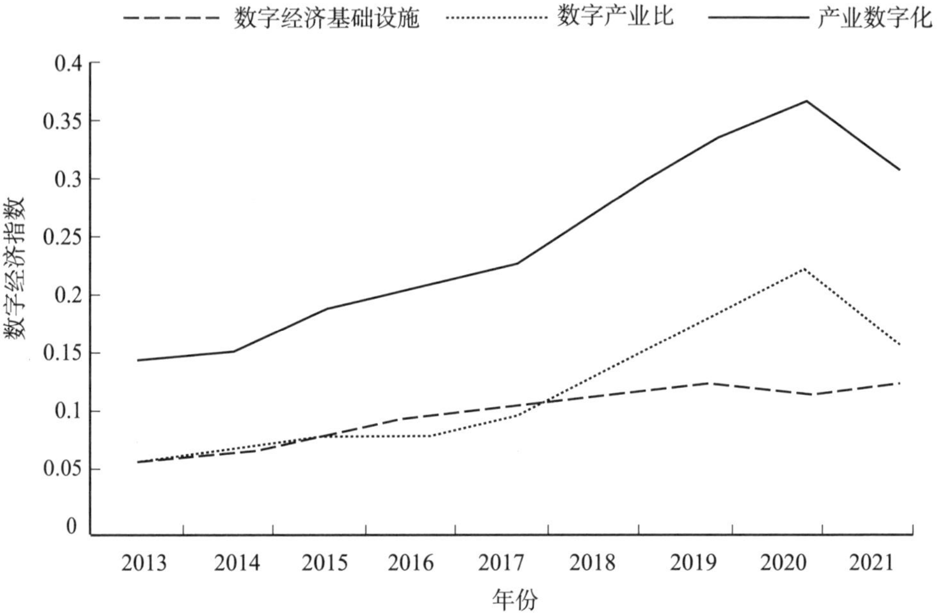

图 5-4　东部经济带数字经济发展水平二级指标

从图 5-5 可以看出，在中部地区，2014—2021 年，数字经济发展的三个二级指标在其余年份均呈现出上升趋势。特别值得注意的是，产业数字化指标均高于其他两个指标，且增长速度较快。此外，中部地区的数字产业化指数相对较低，这说明了该地区的数字产业尚未形成显著的规模化效应。

从图 5-6 可以看出，西部地区数字经济发展水平的二级指标增长趋势与东部地区相似，但存在显著差异。具体来说，西部地区的三个指标值均低于东部地区。这一现象表明，尽管西部地区的数字经济在逐年增长，但由于前期基础较为薄弱，其追赶东部地区的动能相对较弱。

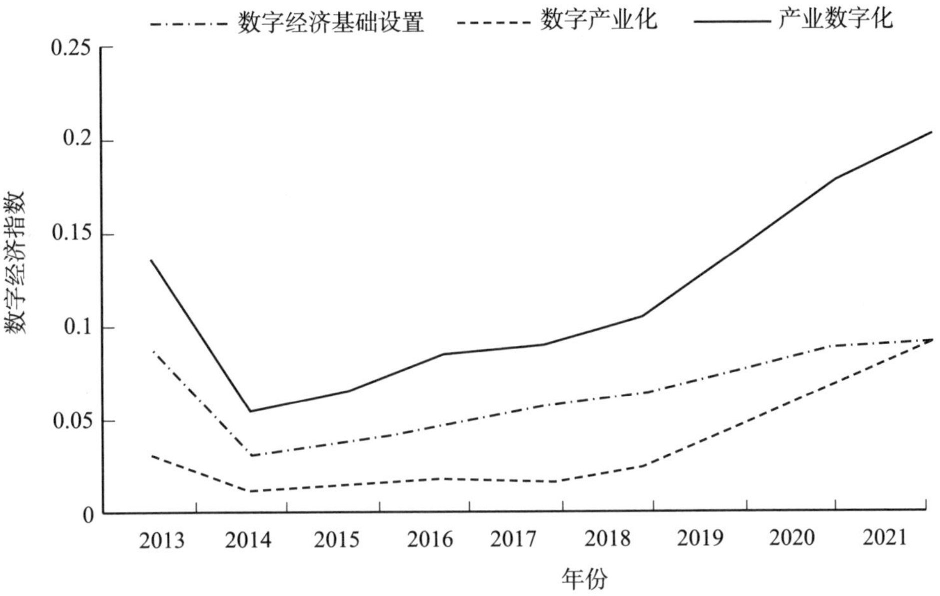

图 5-5　中部经济带数字经济发展水平二级指标

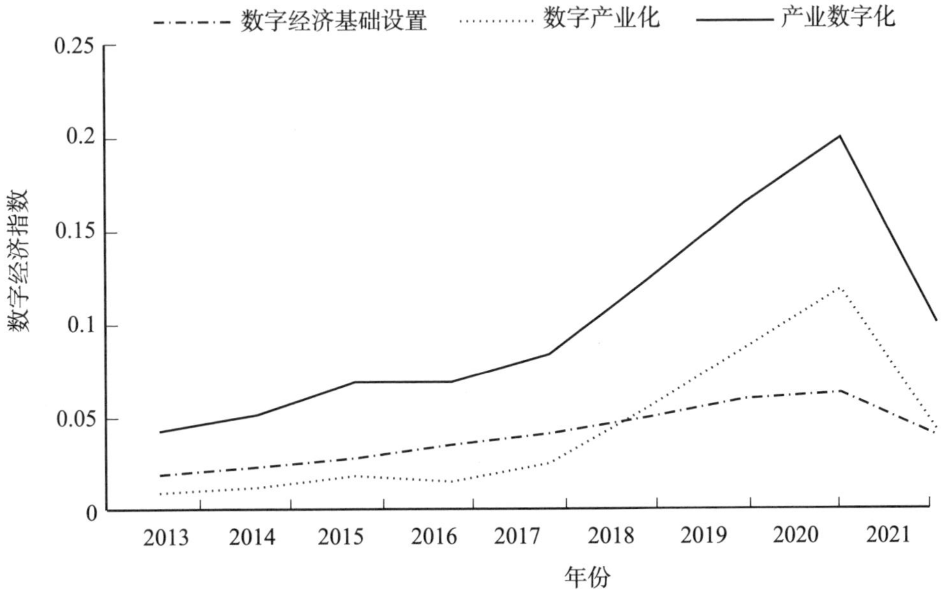

图 5-6　西部经济带数字经济发展水平二级指标

（4）数字经济发展水平区域差异形成原因分析

综合分析上述测度结果，导致区域间数字经济发展水平差异的主要原因如下。

一是地区间数字经济基础设施存在差异，部分地区难以为数字经济发展提供基础支撑。尽管近年来“宽带中国”“双千兆”网络等基础设施建设在全国范围内如火如荼地进行，但城乡之间、不同区域之间的信息基础设施发展仍不均衡。在一些偏远地区或经济欠发达地区，网络覆盖不全、带宽不足、服务质量不稳定等问题依然突出，这极大地制约了当地数字经济的发展潜力。

二是地区间实体经济发展存在差异，导致生产要素向高回报率地区集聚。数字经济作为实体经济的“倍增器”，其发展与实体经济密切相关，二者相辅相成。然而，由于地理位置、历史积累、政策支持等多方面因素，我国不同地区的实体经济发展水平参差不齐。那些经济发展水平较高的地区，通常能够吸引更多的人力、资本等生产要素，进一步加剧资源向发达地区的倾斜，形成“虹吸效应”。而数字新兴产业，由于其高技术性和高资本投入的特点，对资源的需求更为迫切，因此更容易受到这种“虹吸效应”的影响。

三是区域间数字经济发展环境存在差异。数字经济发展环境是一个复杂的系统，包括政府政策与法规、市场环境、人文观念等多个方面。在政策扶持方面，不同地区之间存在显著的差异。东部地区由于起步较早，政策数量多、质量高，为数字经济发展提供了有力的支持。而西部地区在政策顶层设计、执行力度等方面相对滞后，导致数字经济发展环境相对较差。此外，人文观念的不同也会影响数字经济的发展。一些西部地区对数字经济的认知不足，缺乏学习动力、紧迫感和责任感，这也制约了数字经济的发展。

四是区域间人才支持存在差异。数字经济的发展对人才素质提出了新的要求，需要更多的复合型人才来支撑。然而，我国东、中、西部地区在人才资源方面存在显著的差异。东部地区由于经济发达、教育资源丰富，吸引了大量高素质人才聚集。而西部地区由于经济发展相对滞后、教育资源不足等原因，导致人才流失严重，复合型人才严重匮乏。这在一定程度上制约了西部地区数字经济的发展。

五是技术创新存在区域不平衡。技术创新是推动数字经济发展的关键因素之一。然而，由于不同地区的经济发展水平、产业结构、创新能力等因素的差异，导致技术创新在区域间存在不平衡的现象。一些发达地区在技术创新方面具有较高的水平和效率，能够迅速将新技术应用到生产和商业活动中去，推动数字经济快速发展。而一些欠发达地区则由于创新能力不足、技术基础薄弱等原因，在技术创新方面相对滞后，难以跟上数字经济发展的步伐。这种区域间的不平衡现象不仅影响了数字经济的发展速度和质量，也加剧了地区间的经济差距。

5.3　区域创新能力指标体系构建

关于区域创新能力指标体系构建及测度一直是学者们关注的焦点，通过对已有研究中区域创新能力指标体系构建情况的分析发现，现有文献多倾向于采用专利数量或新产品产值作为衡量区域创新能力的指标。然而，这些指标主要关注产出的量化结果，存在一定的局限性。具体来说，专利数量作为衡量区域创新能力的指标时，由于专利的受理周期通常较长，往往需要一年以上的时间，因此在时间上存在滞后性，无法准确反映当年的创新能力水平。

为了更全面、合理地评价区域创新能力，本书主要参考了中国科学技术发展战略研究院发布的《中国区域创新能力评价报告2022》以及已有的相关研究。在构建评价体系的过程中，充分考虑了指标体系的科学性、系统性、可得性与可靠性。基于这些原则，依据创新主体的差异，重点从创新投入和创新产出两个维度出发，构建了区域创新能力的评价指标体系。即以“区域创新能力”作为一级指标，以“创新投入”和“创新产出”作为二级指标。

在创新投入环节，考虑到劳动要素、技术要素、信息要素等多种生产要素的参与，根据数据可得性和重要性，选择了人力资源和资本作为核心投入要素。进一步地，将这些投入细化为6个三级指标：企业创新人力投入、企业创新资本投入、研发创新人力投入、研发创新资本投入、知识创新人力投入和知识创新资本投入。对于创新产出环节，基于产出成果的商业价值来定义，选取了不同类别的产出作为衡量标准，构成4个三级指标：企业产品产出、研发产出、知识产出和企业技术产出。这些产出成果不仅体现了创新活动的直接效果，也反映了创新活动对经济社会发展的贡献。

在对具体指标的度量方式选取上，综合考虑了数据的可得性和代表性，最终确定了以下针对11个基础指标的衡量方式：规模以上工业企业R&D人员折合全时当量（人年）/常住人口、规模以上工业企业R&D经费支出、各地区研究与试验发展（R&D）人员全时当量/常住人口、各地区研究与试验发展（R&D）经费内部支出、高校（R&D）人员全时当量/常住人口、各地高等学校R&D经费内部支出、规模以上工业企业新产品销售收入、高技术产业新产品销售收入、国内专利申请授权量、发表科技论文数量、技术市场成交额等，其中通过对规模以上工业企业新产品销售收入和高技术产业新产品销售收入加权来度量企业产品产出。这些基础指标涵盖了产品创新、研发创新和知识创新的全过程，为评价区域创新能力提供了全面的数据支撑。区域创新能力评价指标体系构建结果如表 5 - 6 所示。

表 5 - 6　区域创新能力评价指标体系

一级指标	二级指标	三级指标	衡量方式	指标属性	单位
区域创新能力	创新投入	企业创新人力投入	规模以上工业企业 R&D 人员折合全时当量(人年)/常住人口	正向	%
		企业创新资本投入	规模以上工业企业 R&D 经费支出	正向	万元
		研发创新人力投入	各地区研究与试验发展(R&D)人员全时当量/常住人口	正向	%
		研发创新资本投入	各地区研究与试验发展(R&D)经费内部支出	正向	万元
		知识创新人力投入	高校(R&D)人员全时当量/常住人口	正向	%
		知识创新资本投入	各地高等学校 R&D 经费内部支出	正向	万元
	创新产出	企业产品产出	规模以上工业企业新产品销售收入	正向	万元
			高技术产业新产品销售收入	正向	万元
		研发产出	国内专利申请授权量	正向	项
		知识产出	发表科技论文数量	正向	篇
		企业技术产出	技术市场成交额	正向	亿

5.4　区域创新能力指标测度及结果分析

5.4.1　指标体系权重分析

区域创新能力指标权重计算仍然采用熵值法，此部分计算过程与前文一致，故此不再重复说明。表 5 - 7 为区域创新能力评价指标权重，从中可以看出创新投入权重与创新产出权重相近，说明创新投入和创新产出在区域创新能力的构建与发展中都具有重要性。创新投入为创新活动提供必要的物质保障和人才支持，是创新活动得以开展的基础。只有确保充足的创新投入，才能为创新活动提供必要的物质保障，确保创新活动的顺利进行。而创新产出是创新活动成果的体现，通过评价创新产出，可以了解创新活动的实际效果，为未来的创新活动提供指导。

表 5 - 7　区域创新能力评价指标权重

一级指标	二级指标	权重	三级指标	权重
区域创新能力指标	创新投入	0.523	企业创新人力投入	0.058
			企业创新资本投入	0.079
			研发创造人力投入	0.180
			研发创新资本投入	0.070
			知识创新人力投入	0.071
			知识创新资本投入	0.065
	创新产出	0.475	企业产品产出	0.225
			研发产出	0.090
			知识产出	0.037
			企业技术产出	0.123

创新投入对应的三级指标中，研发创新人力投入权重最大，说明研发人力投入是驱动创新提升的重要指标，更是让我国成为科技引领者，并为产业打破技术瓶颈创造有利条件；创新产出对应的三级指标中，企业产品产出权重最大，说明目前我国企业是创新产出的重要主体力量，在发展创新驱动战略中，应充分发挥企业的作用。

5.4.2 指标测量结果与分析

（1）综合指数分析

区域创新能力指数测算方法同数字经济发展水平指数测算方法一致，均采用熵值法，计算结果如表 5－8 所示。

表 5－8 区域创新能力指标评价结果

地区	2013	2014	2015	2016	2017	2018	2019	2020	2021
北京市	0.223	0.240	0.253	0.266	0.291	0.319	0.382	0.401	0.456
天津市	0.091	0.101	0.110	0.108	0.094	0.099	0.099	0.107	0.121
河北省	0.053	0.060	0.066	0.072	0.08	0.087	0.099	0.116	0.140
山西省	0.029	0.029	0.027	0.028	0.033	0.037	0.041	0.046	0.060
内蒙古自治区	0.020	0.020	0.021	0.023	0.022	0.021	0.021	0.024	0.026
辽宁省	0.085	0.086	0.081	0.084	0.090	0.100	0.106	0.118	0.120
吉林省	0.035	0.038	0.041	0.044	0.045	0.043	0.055	0.058	0.129
黑龙江省	0.049	0.049	0.049	0.049	0.046	0.048	0.057	0.060	0.082
上海市	0.140	0.150	0.159	0.173	0.186	0.208	0.236	0.252	0.296
江苏省	0.309	0.369	0.397	0.427	0.446	0.478	0.535	0.626	0.646
浙江省	0.196	0.213	0.242	0.253	0.275	0.322	0.370	0.424	0.487
安徽省	0.079	0.087	0.096	0.103	0.115	0.130	0.149	0.186	0.248
福建省	0.069	0.075	0.081	0.092	0.103	0.122	0.137	0.154	0.169
江西省	0.058	0.034	0.037	0.045	0.054	0.069	0.089	0.105	0.122
山东省	0.194	0.209	0.228	0.241	0.266	0.261	0.253	0.318	0.377
河南省	0.090	0.101	0.110	0.114	0.124	0.139	0.146	0.167	0.178
湖北省	0.104	0.116	0.126	0.133	0.147	0.169	0.200	0.211	0.247
湖南省	0.080	0.086	0.096	0.103	0.116	0.126	0.149	0.172	0.203
广东省	0.337	0.357	0.397	0.462	0.536	0.649	0.721	0.812	0.803

续表

地区	2013	2014	2015	2016	2017	2018	2019	2020	2021
广西壮族自治区	0.029	0.029	0.030	0.032	0.035	0.037	0.042	0.045	0.068
海南省	0.002	0.003	0.003	0.003	0.003	0.004	0.004	0.006	0.022
重庆市	0.043	0.052	0.062	0.070	0.079	0.083	0.088	0.101	0.120
四川省	0.082	0.091	0.100	0.104	0.120	0.143	0.163	0.182	0.202
贵州省	0.014	0.016	0.017	0.018	0.023	0.028	0.034	0.039	0.039
云南省	0.019	0.021	0.025	0.027	0.03	0.034	0.039	0.044	0.048
陕西省	0.069	0.076	0.080	0.086	0.091	0.103	0.130	0.140	0.180
甘肃省	0.016	0.019	0.019	0.020	0.020	0.021	0.025	0.027	0.134
青海省	0.001	0.001	0.001	0.002	0.003	0.003	0.002	0.003	0.043
宁夏回族自治区	0.004	0.004	0.004	0.005	0.007	0.008	0.009	0.010	0.012
新疆维吾尔自治区	0.010	0.011	0.012	0.012	0.012	0.012	0.011	0.012	0.017

从表 5－8 可以看出，自 2015—2021 年，广东省区域创新能力连续七年位居榜首。2013 年广东省区域创新能力指数为 0.337，而同期北京市区域创新能力指数为 0.223，两者相差 0.114。至 2021 年，广东省与北京市在区域创新能力指数上的差距扩大到 0.347，差距进一步加大。同时江苏省、浙江省的区域创新能力也超过北京市。出现这一现象的原因，主要有：1）广东省、江苏省、浙江省均位于珠三角、长三角经济带，这两个地带在我国经济发展中占据重要地位。早期，国家对这些地区给予了重点政策支持，加之其优越的地理位置和对外开放程度，吸引了大量人口集聚，工业经济发展态势良好，形成了高新技术产业集聚态势，为区域创新能力发展奠定了良好的基础，营造了浓厚的创新氛围。2）近年来，国家对珠三角、长三角经济地带的科技创新给予了高度重视。通过建设一批高质量产业园区，进一步促进了高新技术产业集聚，使创新成果在区域间的交流与合作不断加强。

（2）时间演变特征

选取 2013 年、2017 年、2021 年数据，绘制各地区区域创新能力对比图（图 5 - 7）。从图 5 - 7 可以看出，2013—2021 年，我国各地区域创新能力呈现逐年上升的走势。尤其是广东省、江苏省、浙江省、北京市等地，区域创新能力的增长势头十分猛烈。将区域创新能力分为三个梯队，第一梯队由广东省、江苏省、浙江省、北京市、山东省、上海市构成，第二梯队由湖北省、四川省、湖南省、安徽省、福建省、陕西省、河南省、甘肃省、吉林省、重庆市、辽宁省、河北省、甘肃省、天津市构成，第三梯队由余下各省构成。分析三大梯队的构成可以看出，第一梯队全部由东部地区组成，第二梯队大多来自东部、中部地区，而第三梯队主要是由西部地区组成。2021 年东部地区区域创新能力指数平均值为 0.33，西部地区区域创新能力指数平均值为 0.08，中部地区区域创新能力指数平均值为 0.159，可以看出我国区域创新能力呈现出东—中—西从高到低的发展规律，区域间创新能力的发展不平衡不充分，且这个趋势在逐步加大。

（3）空间演变特征

表 5 - 9 为我国东、中、西部地区区域创新能力指数与均值，图 5 - 8 绘制出了三大经济带的区域创新能力指数的走势。分析我国区域创新能力的分布格局，可以发现其与数字经济的发展趋势相似，具有明显的地域特征。具体而言，区域创新能力的第一梯队主要集中于东部地区，第二梯队则主要由中部地区的省（市）构成，而第三梯队则多属于西部地区。以 2021 年为例，东部、中部和西部地区的区域创新能力均值分别为 0.296、0.176、0.081，这一数据清晰地展示了三个地区在创新能力上从高到低的阶梯式发展水平。这种显著的区域差异不仅体现了当前创新能力的分布格局，还揭示了区域间创新能力发

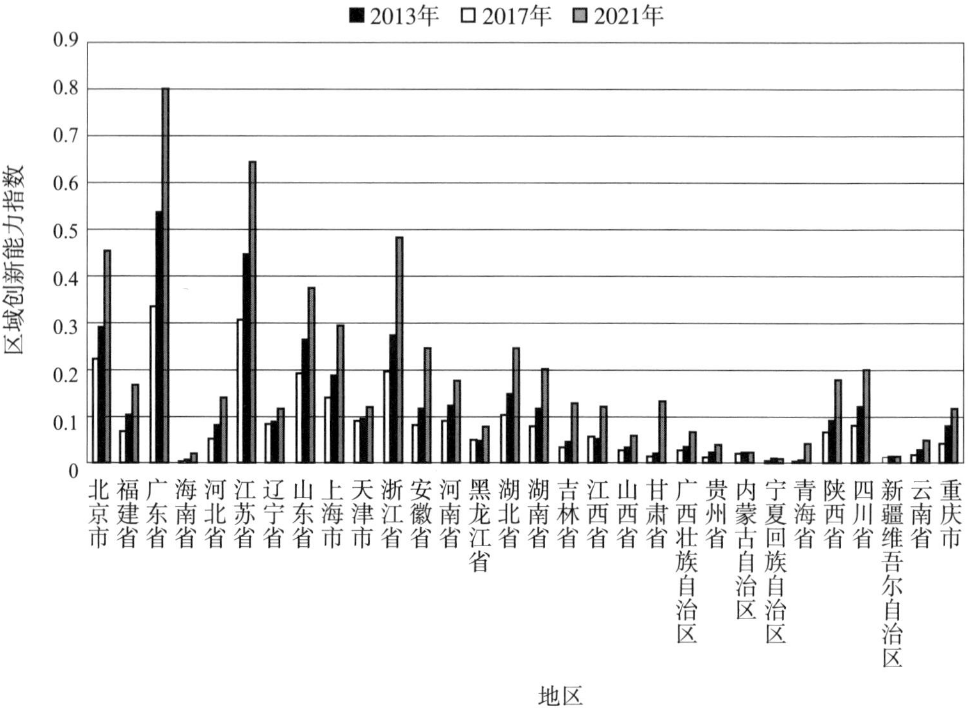

图 5－7　部分年份各地区区域创新能力对比

展的不平衡性。通过进一步分析可以看出，这种区域间创新能力的差别正在逐步拉大。特别是第一梯队的地区，其区域创新能力的提升速度明显高于其他梯队，这在一定程度上加剧了区域间的发展不平衡。

表 5－9　2013—2021 年分区域区域创新能力指数与均值

年份	东部	中部	西部	总平均值
2013	0.137	0.073	0.028	0.084
2014	0.150	0.076	0.031	0.091
2015	0.162	0.082	0.034	0.099
2016	0.175	0.088	0.036	0.107
2017	0.189	0.098	0.040	0.116
2018	0.211	0.112	0.045	0.130

续表

年份	东部	中部	西部	总平均值
2019	0.235	0.129	0.051	0.146
2020	0.266	0.148	0.057	0.166
2021	0.296	0.176	0.081	0.193

从图 5－8 可以看出，我国东部、中部、西部地区的区域创新能力与平均水平在 2013—2021 年间均呈现逐步上升的态势，且 2021 年增速显著。在此期间，东部地区的区域创新能力始终领先于中部地区、西部地区和总体平均水平，这充分表明了东部地区在区域创新方面具有较强的实力和潜力，为提升我国整体的区域创新能力作出了显著贡献。中部地区的区域创新能力则与总体平均水平相近，显示出稳定的发展态势。相比之下，西部地区的区域创新能力与三者的平均值存在较大差距，但同样呈现出与数字经济发展相似的趋势，即东部地区领跑，中西部地区努力追赶的态势。

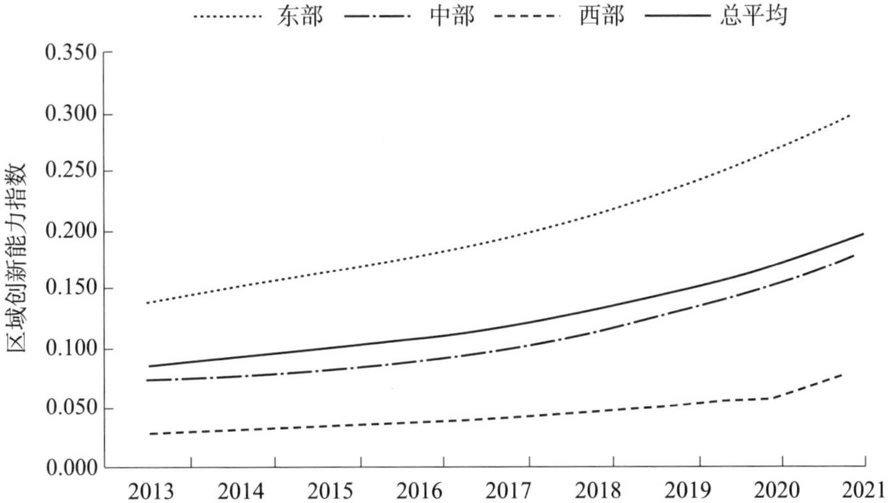

图 5－8　2013—2021 年分区域区域创新能力指数走势

对图 5－9 进行分析可知，2013—2021 年，东部地区区域创新能力呈现出逐年递增的态势，特别是在 2015 年，区域创新能力实现了爆发式增长。通过创新投入与创新产出的走势，可以看出二者与区域创新能力的总体趋势保持一致。东部地区创新投入的二级指标数值高于创新产出，表明东部地区在创新投入方面持续保持高投入状态，但创新研发的成功率及成果的转化率尚有待进一步提升。从图 5－10 可以看出，中部地区区域创新能力同样呈现持续提升的趋势且增速较快。2013—2018 年，中部地区的创新投入增长相对平缓；自 2018 年起，创新投入的增长速度明显加快。与此同时，中部地区的创新产出在 2013—2019 年间保持了较为稳定的快速增长，至 2021 年，创新产出的增长速度进一步加快。从图 5－11 可知，西部地区区域创新能力与创新产出的增长趋势相似。2013—2020 年，西部地区保持了平稳的增长态势；到了 2021 年，增长速度有所加快。此外，西部地区的创新投入在 2013 年至 2021 年间也呈现出了平稳增长的态势。

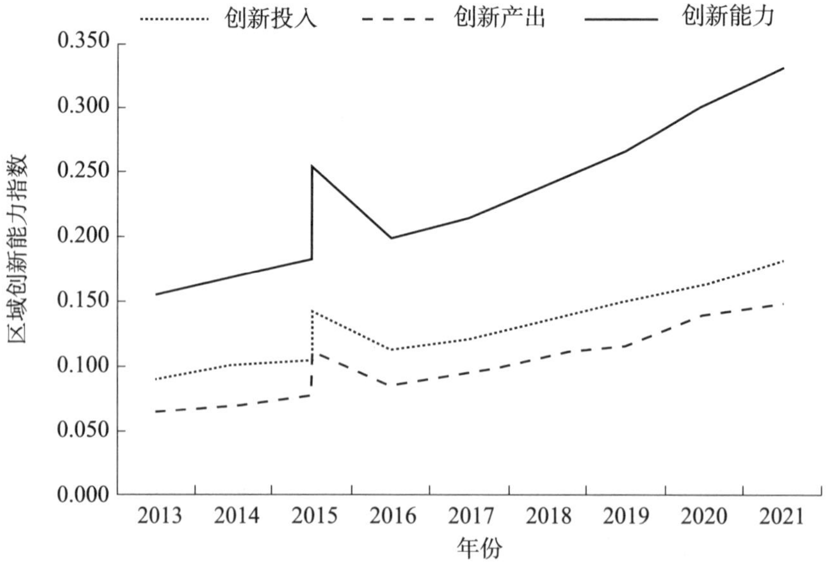

图 5－9　东部地区区域创新能力指标

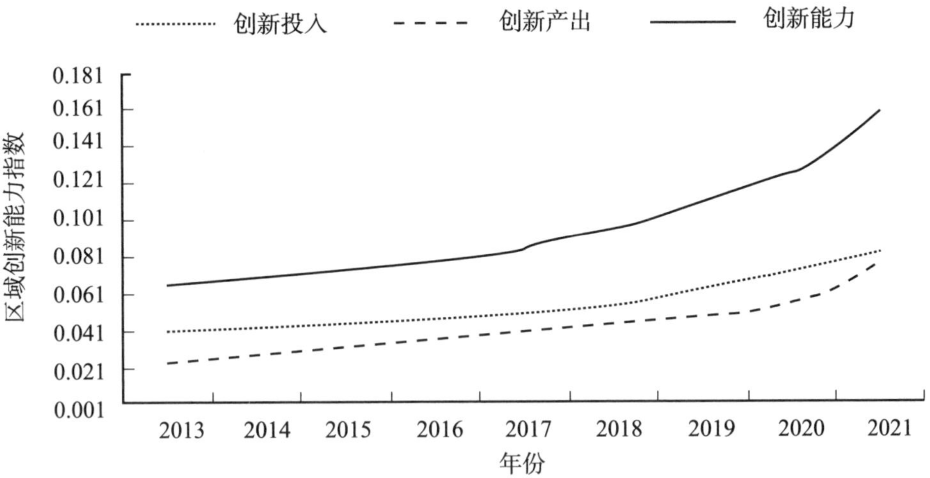

图 5－10　中部地区区域创新能力指标

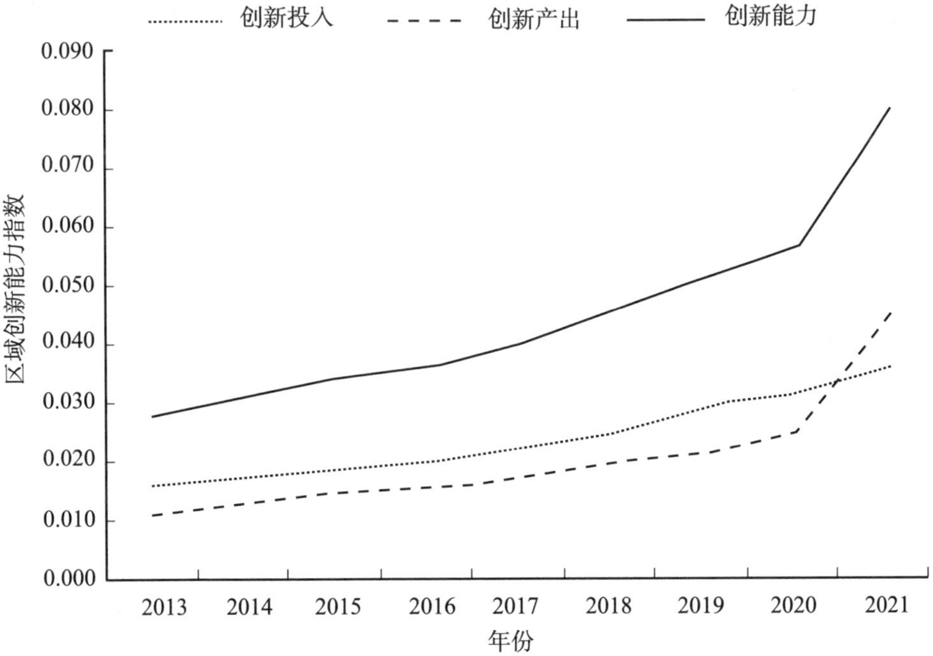

图 5－11　西部地区区域创新能力指标

(4) 区域创新能力存在差异的原因分析

我国省际区域创新能力空间分布格局存在明显的区域差异，进一步分析上述测度结果，造成区域创新能力之间的差异主要原因如下。

1）政府对创新的主导作用存在差异。《京津冀协同发展规划纲要》《推进珠江三角洲地区科技创新一体化行动计划（2014—2020年）》等多部政府规划文件的出台，明确了总体目标与任务，提供了相应发展指导意见。随着各地区创新示范高地、高新科技园区的建成，为区域创新贡献主要力量。但目前，部分地区缺乏相应的政策规划，未能发挥引领作用。

2）科研机构与教育资源不平衡，成果转化率低。目前我国东部、中部、西部地区科教资源配置呈现显著不平衡态势。高校主要集聚在发达城市，而部分欠发达地区教育资源匮乏，师资力量薄弱，难以形成坚实的人才支撑。尽管我国在研发投入总量上位居世界前列，但科技成果转化率却仍有待提高。据统计，截至2020年，我国科技成果转化率已经达到了30%，比2010年提高了8个百分点，我国的科技成果转化率在逐年提升。然而，与美国和德国等国家相比，仍有较大的差距，这些国家的科技成果转化率普遍在40%以上，远高于我国。

3）企业协同创新机制未形成。目前来看，大多区域协同创新都是在我国政府层面开展或者是由政府主导进行的，以企业作为创新协同主体地位不够突出，且企业协同主体意识不够强。部分地区尚未建成区域一体化创新生态系统，缺乏持续稳定机制，使得创新资源要素在区域内没能充分流动与共享[177]。

4）区域经济发展水平存在差异。东部地区经济发展水平高，可以积累丰富的创新资源基础、研发要素，推动区域创新发展，形成双边经济发展周期，提高创新水平，创新增长刺激高质量经济发展，在此基础上，东部地区逐步形成繁荣开放的创新市场和创新环境，吸引中西部地区创新资源流入，进一步推动东部地区创新发展向更高层次迈进。对应的，中西部地区则成为东部地区创新资源的“供给方”，创新资源外流，创新能力不足[178]。

5.5 本章小结

首先，本章从数字经济基础设施、数字产业化、产业数字化三个方面构建数字经济发展指标。其中，数字经济基础设施选取光缆长度、互联网宽带接入端口数、互联网域名数、移动电话普及率、互联网上网人数 5 个细分指标作为数字经济基础设施的三级指标。数字产业化选取软件业务收入、信息服务业从业人数占比、人均电信业务量 3 个细分指标作为数字产业化的三级指标。产业数字化选取人均电子商务销售额、数字金融数字化程度、每百个企业拥有网站个数 3 个细化指标作为产业数字化的三级指标。此外，本章从创新投入与创新产出两个方面构建区域创新能力指标，三级指标主要围绕高校、各地区研究机构、企业三部分展开指标选取。最终根据三大创新主体的人力投入、资本投入及企业产品产出、研发产出、知识产出、企业技术产出选取 11 个基础指标；在计算过程中，为保证指标构建的科学性、客观性，选择熵值法进行计算。

其次，在数字经济发展指标中，数字产业化在数字经济发展指数中的权重数值最高，达到了 0.434，这一数值反映了在当前阶段，数字产业化是数字经济发展的重要驱动，数字经济基础设施在数字经济发展指数中的权重数值为 0.341，这一数据说明了数字经济基础设施在推动数字经济发展中的核心地位，为数字经济发展提供重要基础。产业数字化在数字经济发展指数中所占的权重为0.225，尽管这一数值相较于数字产业化和数字经济基础设施的权重较小，但这并不意味着产业数字化在数字经济发展中的作用就低，而是具备重大发展前景；在时间演变特征中，我国数字经济的发展呈现出逐年稳定上升的趋势，显示出持续增长的活力。从空间演变特征来看，我国东部、中部、西部地区数字经济发展水平与整体平均水平走势相似，2013—2020年都呈现出逐渐上升态势，2021年呈现下降趋势。东部地区数字经济发展水平远高于中西部及整体平均水平，说明我国东部地区数字经济发展水平较高，为拉动我国地区平均数字经济发展水平作出重要贡献，呈现出东部领跑、中西部追赶的形式。

最后，在创新能力指标中，为了更全面地评价区域创新能力，本章从创新投入和创新产出两个角度出发，结合不同的创新主体，对创新活动进行了详细划分。主要包括高校在知识创新方面的贡献、各地区研究人员在研发创新方面的努力，以及企业在产品和技术创新方面的实践。在时间演变特征中，我国省（市）的区域创新能力呈现逐年上升的走势。尤其是广东省、江苏省、浙江省、北京市等地区，区域创新能力的增长势头十分猛烈；在空间演变特征中，其特征与数字经济的发展趋势相似，具有明显的地域特征，也同样呈现出东部领跑、中西部追赶的形式，这种显著的区域差异不仅体现了当前创新能力的分布格局，还揭示了区域间创新能力发展的不平衡性。

不同地区数字经济发展水平和区域创新能力存在差异的原因如下：

1）数字经济发展水平不平衡、不充分的主要原因在于各地区间数字经济基础设施存在差异，部分地区难以为数字经济发展提供基础支撑、地区间实体经济发展差异，导致生产要素向高回报率地区集聚、区域间数字经济发展环境存在差异、区域间人才支持存在差异、技术创新存在区域不平衡、生产要素向高回报领域的趋同等多方面共同影响。

2）区域创新能力发展不平衡、不充分的主要原因在于政府对创新的主导作用存在差异、科研机构与教育资源不平衡、成果转化率低、企业协同创新机制未形成、区域经济发展水平存在差异等多方面因素。

第 6 章　数字经济发展水平对区域创新能力的非线性影响实证分析

本章通过构建基准回归模型和门限回归模型，结合 2013—2021 年的省级面板数据，以第 5 章测度的数字经济发展水平为核心解释变量、区域创新能力为被解释变量，以外商直接投资水平、人力资本投入、财政支出水平、产业结构、城市化水平、经济发展水平为控制变量，以数字经济发展水平、知识产权保护为门限变量，探讨数字经济对区域创新的非线性影响，对内生性问题进行了处理并通过了稳健性检验。

6.1　模型设定与变量选取

6.1.1　模型设定

为检验数字经济对区域创新能力的基本作用机制，构建基准回归模型如下

$$\begin{aligned}\mathrm{Ln}(QYCX_{it}) = {} & \beta + \alpha_0 \mathrm{Ln}(DEG_{it}) + \alpha_1 \mathrm{Ln}(DEG_{it}) + \alpha_2 \mathrm{Ln}(FDI_{it}) + \\ & \alpha_3 \mathrm{Ln}(CZZC_{it}) + \alpha_4 \mathrm{Ln}(RLZB_{it}) + \alpha_5 \mathrm{Ln}(CYJG_{it}) + \\ & \alpha_6 \mathrm{Ln}(CSH_{it}) + \alpha_7 \mathrm{Ln}(GDP_{it}) + C_i + \delta_t + \varepsilon_{it}\end{aligned} \tag{6-1}$$

式中　β——截距项；

α_i——回归系数；

i——相应的地区；

t——年份；

ε_{it}——随机扰动项；

C_i——地区的个体效应；

δ_t——时间效应；

QYCX——区域创新能力；

DEG——数字经济发展水平；

FDI——外商直接投资水平；

CZZC——财政支出水平；

RLZB——人力资本投入；

CYJG——产业结构；

CSH——城市化水平；

GDP——经济发展水平。

为进一步探究数字经济发展影响区域创新能力的非线性作用，以数字经济发展水平、知识产权保护为门限变量，构建以下门限模型

$$\begin{aligned} \mathrm{Ln}(QYCX_{it}) = {} & \beta + \alpha_0 \mathrm{Ln}(DEG_{it})(h_{it} \geqslant \gamma) + \alpha_1 \mathrm{Ln}(DEG_{it})(h_{it} < \gamma) + \\ & \alpha_2 \mathrm{Ln}(FDI_{it}) + \alpha_3 \mathrm{Ln}(CZZC_{it}) + \alpha_4 \mathrm{Ln}(RLZB_{it}) + \\ & \alpha_5 \mathrm{Ln}(CYJG_{it}) + \alpha_6 \mathrm{Ln}(CSH_{it}) + \alpha_7 \mathrm{Ln}(GDP_{it}) + \alpha_8 Z_{it} + \\ & C_i + \delta_t + \varepsilon_{it} \end{aligned} \tag{6-2}$$

式中　h——门限变量；

γ——门限变量的值；

Z——知识产权保护。

6.1.2 变量选取

（1）被解释变量

区域创新能力（QYCX）。选取熵值法进行计算后的区域创新能力评价指数进行测度。

（2）核心解释变量

数字经济发展水平（DEG）。选取熵值法进行计算后的数字经济发展水平评价指数进行测度。

（3）控制变量

参考以往的研究，选取以下几种对区域创新能力产生影响的因素作为控制变量：

1）外商直接投资水平（FDI），选取各地区的外商直接投资占生产总值比重作为该变量数值；

2）人力资本投入（RLZB），选取大专及以上学历人数与人口数量比值作为该变量数值；

3）财政支出水平（CZZC），选取各地区的一般财政支出占GDP比重作为该变量数值；

4）产业结构（CYJG），选取第三产业与第二产业增加值比值作为该变量数值；

5）城市化水平（CSH），选取城镇人口占常住人口比值作为该变量数值；

6）经济发展水平（GDP），选取人均国内生产总值作为该变量数值。

（4）门限变量

1）数字经济发展水平（DEG）；

2）知识产权保护（Z），用技术市场成交额与当地 GDP 比重来代表。

目前我国学者对知识产权保护的度量主要有三种方式：

前两种以许春明和单晓光等①②为代表的，用知识产权保护立法水平与知识产权保护执法水平乘积测算，以及构建评价指标体系；

第三种是选择以技术市场成交额与当地 GDP 比重来测度[172]。

我们采取第三种方式，原因是区域间技术市场交易不仅可反映区域自身创新发展状况，还可反映区域间创新资源流动。技术市场交易实质是知识产权的转移及其利益分配，技术市场成交额包含与知识产权保护有关的所有信息，如该技术的价值、买卖双方能否有效维护自身合法权益等。

6.1.3　数据来源与描述性统计分析

根据数据的可得性，选取 2013—2021 年我国 30 省（自治区、直辖市）的数据。区域创新能力以及知识产权保护相关的基础指标数据均来源于《中国科技统计年鉴》，数字经济发展水平的基础指标来自《中国统计年鉴》《中国第三产业统计年鉴》，其余指标均来自国家统计局数据查询平台，其中 GDP 取对数处理。各变量描述性统计分析结果如表 6－1 所示，共计 270 个观测值，各个变量均不存在异常值，标准差均在合理范围内。

---

①　许春明，单晓光. 知识产权制度与经济发展之关系探析——兼论我国知识产权战略的背景和原则[J]. 科技进步与对策，2007（12）：4－8.

②　许春明，单晓光. 中国知识产权保护强度指标体系的构建及验证［J］. 科学学研究，2008（04）：715－723.

表 6－1　变量描述性统计分析结果

变量属性	变量名称	变量符号	观测值	均值	标准差	最小值
被解释变量	区域创新能力	QYCX	270	0.126	0.143	0.001
核心解释变量	数字经济发展水平	DEG	270	0.142	0.132	0.011
门限变量	知识产权保护	Z	270	0.018	－0.013	0.003
控制变量	外商直接投资水平	FDI	270	0.018	0.016	6.19E－05
	财政支出水平	CZZC	270	0.317	0.177	0.148
	人力资本投入	RLZB	270	9.708	1.198	7.514
	产业结构	CYJG	270	1.410	0.744	0.665
	经济发展水平	GDP	270	10.909	0.422	10.003
	城镇化水平	CSH	270	0.609	0.115	0.379

6.2　基准回归模型实证分析

6.2.1　相关性分析与多重共线性检验

本章的实证检验通过 Stata17 软件来完成，首先计算变量的皮尔逊相关系数，计算结果如表 6－2 所示。

表 6－2　相关性分析结果

变量	QYCX	DEG	FDI	CZZC	CSH	GDP	CYJG	RLZB
QYCX								
DEG	0.875 ***	1						
FDI	0.04	0.002	1					
CZZC	－0.571 ***	－0.553 ***	－0.238 ***	1				
CSH	0.511 ***	0.557 ***	0.227 ***	－0.327 ***	1			

续表

变量	QYCX	DEG	FDI	CZZC	CSH	GDP	CYJG	RLZB
GDP	0.659***	0.774***	0.101*	−0.500***	0.878***	1		
CYJG	0.189***	0.364***	0.102*	0.048	0.529***	0.503***	1	
RLZB	0.350***	0.460***	0.153**	−0.135**	0.828***	0.640***	0.777***	1

注：***、**、* 分别表示 1%、5%、10%的显著性水平。

相关性分析结果表明，数字经济发展水平和区域创新能力存在显著的相关性，且相关性较强，符合预期，同时控制变量相关性大部分与预期符合。

为了防止变量之间存在多重共线性，使得回归结果不准确，先对变量进行多重共线性检验，检验结果如表 6-3 所示。根据方差扩大因子（VIF）计算结果可以看出，最大的 VIF 数值仅为 5.39，小于 10，说明不存在多重共线性。

表 6-3　多重共线性检验结果

变量	VIF	1/VIF
CSH	5.39	0.185 439
CZZC	5.25	0.190 409
CYJG	3.91	0.255 803
RLZB	3.59	0.278 824
GDP	3.47	0.287 875
DEG	1.75	0.571 131
FDI	1.24	0.803 931
平均 VIF 值	3.51	

6.2.2 基准模型回归结果分析

在进行面板数据模型回归时，首先需要对面板数据平稳性进行检验，由于涉及的面板属于短面板，故不用再进行单位根及协整检验，直接进行 Hausman 检验，检验结果如表 6-4 所示，结果显示 P 值小于 0.01，表明可以在 1%的水平上拒绝随机效应的原假设，因此选择固定效应模型。表 6-5 为基准模型回归结果。

表 6-4 Hausman 检验结果

检验方法	检验指标	统计值	P 值
Hausman 检验	Hausman Test	81.98	0.000

从表 6-5 可以看出，模型Ⅰ回归结果在不加入控制变量的时候，数字经济发展水平（DEG）的系数为 0.610，且通过 1%显著性水平检验。说明数字经济发展水平每提升 1%，会使得区域创新能力提升 0.610%，此时的 R^2 值为 0.583，拟合程度较好；模型Ⅱ、模型Ⅲ回归结果是加入控制变量后的固定效应和双向固定效应，回归结果有显著差别，为了检验到底是应该使用固定效应还是双向固定效应，引入年度时间虚拟变量进行检验联合显著性，检验结果显示 F 值为 8.21，P 值为 0.000 0，结果强烈拒绝“无时间”效应的原假设，故采用双向固定效应。

表 6-5 基准模型回归结果

变量	模型Ⅰ	模型Ⅱ	模型Ⅲ
DEG	0.610 *** (5.26)	0.586 *** (2.87)	1.068 *** (3.91)
FDI		0.207 (0.64)	−0.063 (−0.26)

续表

变量	模型Ⅰ	模型Ⅱ	模型Ⅲ
CZZC		0.215 (1.34)	0.300 * (1.95)
RLZB		0.487 ** (2.46)	0.063 (0.59)
CSH		−0.483 ** (−2.42)	0.210 * (1.35)
GDP		0.103 (1.67)	0.095 (1.36)
CYJG		−0.070 * (−1.99)	−0.096 (−1.30)
Cons	0.015 *** (1.01)	−0.832 (−1.39)	−0.108 (−0.63)
时间固定	No	No	Yes
个体固定	No	No	Yes
Obs	270	270	270
R^2	0.583	0.636	0.784

注：① ***、**、* 分别表示 1%、5%、10%的显著性水平；②括号内为 t-统计量。

从模型Ⅲ结果可知，在加入控制变量后，R^2 提升至 0.784，说明方程的拟合程度较好。此时数字经济发展水平（DEG）的系数提升至 1.068，且通过 1%显著性水平检验。数字经济发展水平每提升 1%，会使得区域创新能力提升 1.068%。说明数字经济发展水平的提升会对区域创新能力有正向促进作用。至此，假设 H1 得到验证，数字经济发展可以促进区域创新能力提升。

正如在构建数字经济发展指标时，我们需要从数字产业化、产业数字化及数字经济基础设施建设等多个角度进行综合考虑。同样地，当探讨数字经济如何直接提升区域创新能力时，也可以从这三个方面进行深入分析。数字产业化是数字经济发展的基础，产业链和产业集群的不断壮大，为数字经济提供了持续发展的动力。同时，数据作为新兴生产要素，已替代传统生产要素成为驱动经济高质量发展的重要力量。其独特特征极大地提升了要素效率和价值增值能力，强化了区域创新体系的数据处理能力。数字经济的发展依赖技术创新和广泛的创新活动，这些活动将通过以下路径加强区域创新能力。

1）技术平台支撑。从媒体平台的角度来看，大数据、云计算、物联网、人工智能和区块链等技术的出现需要持续深入的数据研究和利用，催生了创新技术和平台的涌现。这些数字平台和技术节省了创新合规性成本，降低了因信息不对称和流动性而产生的延迟成本，降低了创新公司可能面临的负面选择和道德风险，并进一步降低了交易成本。

2）技术创新驱动。从技术创新的角度来看，数字技术的不断进步打破了原有生产要素的地位，导致土地、劳动力等传统生产要素在要素市场上的地位降低。与之相较，信息生产要素逐渐占领市场，成为驱动经济发展的重要支柱。新兴高新信息技术产业的发展，为创新创造了许多机会，信息的开放交流大大增强了区域流动性和生产要素的利用效率，提高了数据资源的价值，为区域创新能力提供了内在动力。

3）互补生产要素。在传统产业数字化转型的过程中，通过不断挖掘数据的潜在价值，进一步丰富了数据这一重要生产要素的类型和内涵，大规模扩展了区域创新体系中可以有效开发和利用的数据资源。为了适应数字经济的快速发展，需要不断创新。数据作为一种生产要素，与管理、组织等传统要素具有很强的互补作用，可以极大地释放这些要素的潜力，更容易激发乘数效应，最终促进传统产业的生产、销售和管理模式更新，提高区域的创新能力；此外，数据作为一种生产要素与其他生产要素不断结合的过程，会产生更多的数据资源，形成行业内数据资源的良性循环，使人们在利用数据的过程中，更好地投入到生产和业务活动中，发挥一定程度的“逆压力”作用。

4）促进要素流动。产业数字化不仅促进生产要素在本产业之间的流动效率大幅提高，还能促进生产要素在各产业之间的流动。尤其是在制造业上，通过工业互联网的深度应用，实现了制造业资源的广泛连接、弹性互补和高效配置，创新了生产制造的服务模式，改变了知识创新的应用模式。服务业的数字化发展有助于改变传统生产要素的组合方式，不断创新发展出一系列符合产业发展方向和消费发展趋势的新业态新模式。

进一步分析控制变量对区域创新能力影响：

1）地方财政支出的系数为 0.300，且通过了 10%显著性水平检验。地方财政支出每提升 1%，会使得区域创新能力提升 0.3%。首先，地方政府为创新活动提供财政支持，以降低企业社会风险，提高创新热情，并帮助提高创新效率。在财政权力下放制度下，中央政府通过向地方政府转移资金来影响财政技术支出，从而一定程度上促进创新。其次，财政技术投入能降低技术创新中的融资风险。低成本、短周期项目吸引创新者参与，而高成本、长周期项目则因风险较高而抑制投资。公共资助通过干预科技预算支出，确保科技创新早期投入及中后期资金稳定，从而能够达到促进创新活动进行的目的，降低资金不足导致的创新失败风险。

2）城镇化系数为 0.210 且通过了 10%显著性水平检验。城镇化水平每提升 1%，会使得区域创新能力提升 0.21%。城镇化的本质是人口向城镇迁徙，它不仅为农业和农村的发展开拓了空间，而且使城市成为经济社会发展的动力。农业劳动力的转移和向制造业的集聚促进了人口从农村地区向城市地区的流动，农村人口在社会总人口中所占的比例不断下降，这有利于提高农村人均生产水平，促进农业和农村的发展，提高社会人口的整体素质。随着越来越多的社会经济活动向城市集中，城市生产要素的集聚和地区经济的发展成为动力。在此过程中，城镇化水平提升能够促进城市建设发展，为创新活动提供完善的公共基础设施建设，辅助创新环境营造，进而促进创新扩散和提高创新绩效。地方财政支出直接带动金融资本和社会资本市场相关投入要素，为当地创新主体提供资金保障。

3）人力资本回归结果虽然不显著，但系数为正，回归结果与预期相符合，与已有的研究结论一致，说明人力资本会对区域创新能力产生正向影响。通俗来说，人力资本投资是指个人和社会对人力资本的教育、培训和发展的投资，包括个人教育经历、职业培训，以及社会提供的教育和培训资源等。对于就业者或企业来说，人力资本的增加都具有重要作用。人力资本投资不仅可以增强个人的就业竞争力和工资效益，还可以对地区的创新能力产生积极影响。

4）经济发展水平回归结果虽然不显著，但系数为正，回归结果与预期相符合，且与已有的研究结论相符合。产业结构回归系数为负且不显著，分析原因可能是由于目前我国产业结构转型升级程度还有待加深，对区域创新能力还未能形成显著影响。外商直接投资回归系数亦为负且不显著，原因可能是由于目前我国面临更加复杂的国际形势，逐渐将经济发展转向构建以国内大循环为主体、国内国际双循环相互促进的新发展格局，国内消费市场成为我国经济增长新驱动，单纯依靠外商直接投资已无法对我国区域创新能力产生显著影响。

6.3　门限模型回归分析

进行门限模型回归时，首先需要对门限变量数量进行检验。检验结果如表 6－6 所示。

表 6－6　门限变量检验结果

门限变量	门限个数	门限值	F	P	95%置信区间	
DEG	2	0.295	51.55	0.000	0.288	0.296
		0.460	51.55	0.000	0.432	0.501
Z	1	0.017	108.39	0.000	0.016	0.017

根据表 6－6 可以看出，以数字经济发展水平（DEG）为门限变量时，门限个数为 2，在 1%的显著性水平下，拒绝不存在门限效应原假设，故采用双门限模型，此时门限值为 0.295 和 0.460。以知识产权保护（Z）为门限变量时，门限个数为 1，在 1%的显著性水平下，拒绝不存在门限效应原假设，故采用单门限模型，此时门限值为 0.017。

在确定门限个数后，需要对门限值的真实性进行检验，进行 LR 检验并绘出 LR 图，图 6－1 和图 6－2 为检验图，可以看出，以数字经济发展水平的第一个门限值 0.460 落在区间［0.45，0.50］，在 LR 检验值小于 95% 临界值的区间（落在虚线下方）；第二个门限值 0.295 落在区间［0.29，0.30］，在 LR 检验值小于 95% 临界值的区间，说明其与真实值相等。以知识产权保护为门限值落在区间［0.015，0.020］，在 LR 检验值小于 95% 临界值的区间，说明其与真实值相等。

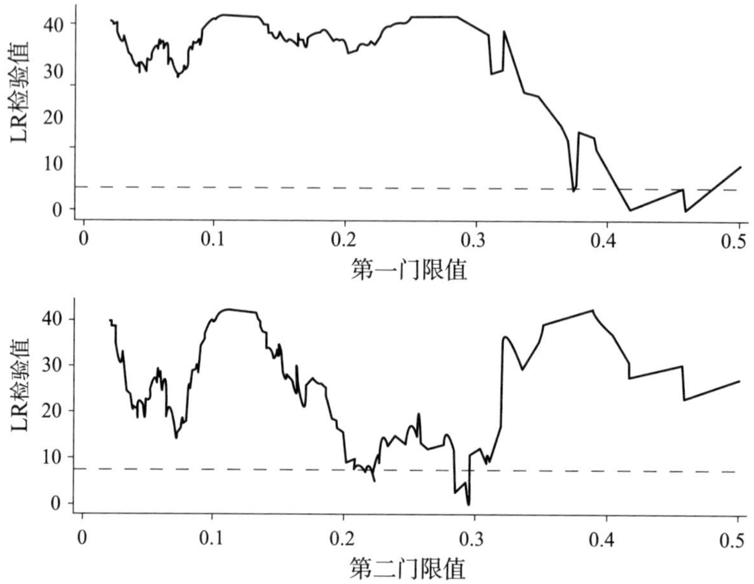

图 6-1　双门限检验图

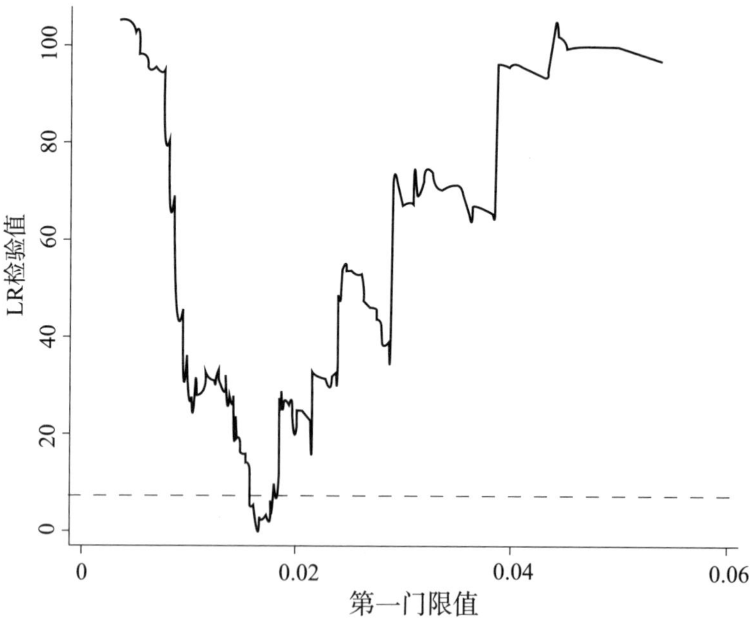

图 6-2　单一门限检验图

对以数字经济发展水平、知识产权保护为门限变量进行回归，回归结果如表 6－7 所示。

表 6－7　门限模型回归结果

变量	模型Ⅰ	模型Ⅱ
FDI	0.198 (0.86)	0.208 (0.71)
CZZC	0.269 ** (1.88)	0.223 (1.52)
CSH	－0.339 ** (－2.07)	－0.484 *** (－2.76)
GDP	0.124 *** (3.13))	0.130 ** (2.56)
CYJG	－0.057 ** (－2.38)	－0.044 (－1.65)
RLZB	0.142 * (1.14)	0.247 (1.69)
0b. _cat # c. deg/z	0.229 (2.79)	0.226 ** (2.42)
1. _cat # c. deg/z	0.400 *** (4.26)	0.489 *** (3.96)
2. _cat # c. deg	0.560 *** (5.33)	
Constant	－1.086 *** (－2.89)	0.146 *** (0.046 1)
Observations	270	270
R^2	0.792	0.739

注：① ***、**、* 分别表示 1%、5%、10%的显著性水平；②括号内为 t-统计量。

模型Ⅰ是以数字经济发展水平为门限变量的回归结果，当数字经济发展水平低于门限值 0.295 时，数字经济发展水平的系数为正，但结果不显著，说明数字经济发展水平过低时，对区域创新能力的影响并没有显现出来。当数字经济发展水平超过门限值 0.295 时，数字经济发展水平的系数提升到0.4，通过1%的显著性水平检验，说明当数字经济发展水平超过门限值时，数字经济发展水平对区域创新能力的影响显著。当数字经济发展水平超过第二个门限变量时候，数字经济发展水平的系数为0.56，通过1%的显著性水平检验，说明此时数字经济发展水平对区域创新能力促进效果更明显，存在非线性影响。由此假设H2得到验证，数字经济发展与区域创新能力存在边际报酬递增的非线性关系。

模型Ⅱ是以知识产权保护为门限变量的回归结果，当知识产权保护小于第一个门限变量时，数字经济发展水平系数为0.226，通过5%的显著性水平检验。当知识产权保护大于门限变量时，数字经济发展水平的系数提升到0.489，通过1%的显著性水平检验。说明数字经济发展水平对区域创新能力的影响存在以知识产权保护水平为门限变量的非线性影响，假设H3得到验证，数字经济发展与区域创新能力之间的非线性关系会受到知识产权保护水平的影响。

对于控制变量回归结果，与前文基准模型回归结果相差不大，财政支出水平、人力资本投入、经济发展水平对区域创新能力较为显著，说明三者可以促进区域创新能力的提升。

6.4 内生性及稳健性检验

6.4.1 内生性检验

在实证的过程中，数字经济发展水平在影响区域创新能力的同时，区域创新能力也能够反过来对数字经济发展水平产生影响，以及遗漏变量等内生性问题，可能会使模型回归结果不准确。

下面采用工具变量法作进一步讨论。在选取工具变量时，要满足外生性、相关性两个条件，借鉴 Nunn and Qian① 构建工具变量的方法，利用各省份 1984 年邮电业务总量与上一年全国互联网上网总人数的交互项，进行两阶段最小二乘法。第一阶段对工具变量的检验 P 值为 0.000，说明工具变量与解释变量相关性很高，拒绝了工具变量为弱工具变量的原假设。

在表 6－8 中，模型Ⅰ是采用 2sls 的回归结果，模型Ⅱ是前文进行的基准模型回归结果，通过对比可以看出，模型Ⅰ在使用工具变量后，数字经济发展水平对区域创新能力的影响依旧为正，且通过 1%显著性水平检验。说明在考虑内生性问题带来的影响后，数字经济发展水平对区域创新能力的影响是具有稳健性的。

表 6－8　工具变量法回归结果

变量	模型Ⅰ	模型Ⅱ
DEG	1.475 *** (27.90)	1.068 *** (3.91)
FDI	0.359 ** (2.02)	−0.063 (−0.26)
CZZC	0.102 *** (2.80)	0.300 * (1.95)
CSH	0.110 * (1.82)	0.210 * (1.35)
GDP	−0.001 (−0.01)	0.095 (1.36)
CYJG	−0.0381 *** (−5.99)	−0.096 (−1.30)
RLZB	−0.205 ** (−2.17)	0.063 (0.59)
Observations	270	270

① NUNN N, QIAN N. US food aid and civil conflict [J]. American Economic Review, 2014, 104 (6): 1630－1666.

续表

变量	模型Ⅰ	模型Ⅱ
R^2	0.919	0.784
F	336.17	349

注：① ***、**、* 分别表示1%、5%、10%的显著性水平；②括号内为t-统计量。

6.4.2 稳健性检验

为了保证实证的严谨性，采用替换解释变量和缩尾处理的方式进行稳健性检验。首先，对数字经济发展水平的指标进行重新选取，根据已有的研究，选取互联网上网人数（万人）作为数字经济发展水平的测度方式，然后对原始回归数据1%的水平上进行缩尾再回归的方式进行稳健性检验。

在表6－9中，模型Ⅰ是选取互联网上网人数（万人）作为数字经济发展水平测度方式的回归结果，模型Ⅱ是采用缩尾方式的回归结果，从表中数据可以看出，无论采用哪一种方式，回归后系数依旧为正，且通过1%显著性水平检验。这说明原模型是具有稳健性的。

表6－9　稳健性检验回归结果

变量	模型Ⅰ	模型Ⅱ
DEG	0.339 *** (−6.71)	0.5433 *** (4.83)
FDI	0.146 (−0.55)	0.261 (0.83)
CZZC	0.331 ** (−2.53)	0.205 ** (0.98)
RLZB	0.145 (−0.99)	0.3642 (2.78)

续表

变量	模型Ⅰ	模型Ⅱ
CSH	−0.667 *** (−3.17)	−0.586 ** (−0.06)
GDP	−0.300 *** (−6.60)	0.131 *** (2.01)
Cons	−1.973 *** (−7.17)	−1.029 ** (−0.596)
Obs	270	270
R^2	0.549	0.702

注：① ***、**、* 分别表示 1%、5%、10%的显著性水平；②括号内为 t-统计量。

6.5　本章小结

本章通过建立基准回归模型和门限回归模型，对数字经济发展水平对区域创新能力的影响机制进行实证检验。

首先，分析了数字经济发展水平对区域创新能力的基准回归机制。在运用基准模型回归后，我们发现，数字经济发展水平的系数在 1%显著性水平下为正，说明数字经济对区域创新能力具有显著正向影响。同时，地方财政支出和城镇化系数的表现也均显著促进了区域创新能力的提升。尽管人力资本与经济发展水平的回归结果并不显著，但它们的系数均为正，验证了假设 H1。

其次，采用门限回归模型，选取数字经济发展水平与知识产权保护作为门限变量，探讨了数字经济发展水平对区域创新能力的非线性影响。研究结果显示，当以数字经济发展水平为门限变量时，存在两个门限值。每超过一个门限值，数字经济发展水平对区域创新能力的影响系数就会相应增大，这表明在数字经济达到一定高度后，其对区域创新能力的促进作用会呈现出边际递增效应，显示出非线性的特征。此外，当以知识产权保护为门槛变量时，存在一个明确的门槛值。一旦超过这个值，数字经济对区域创新能力的影响会显著增强，这进一步表明知识产权保护水平的提升能够有效增强数字经济对区域创新能力的推动作用，这种影响同样呈现非线性特征，验证了假设 H2。

最后，我们对回归模型进行了内生性和稳健性检验。内生性检验通过构建工具变量并利用特定交互项进行两阶段最小二乘法估计，而稳健性检验则采用了替换解释变量并重新回归的方法，这两项检验的结果均验证了回归模型的准确性。

第7章　数字经济发展水平对区域创新能力的空间溢出效应实证分析

本章主要研究了数字经济发展水平对区域创新能力的空间溢出效应。首先，构建了空间权重矩阵。随后，进行了空间自相关检验，分析了数字经济发展水平和区域创新能力的全局自相关和局部自相关。然后，建立了空间模型，并对模型回归结果进行了分析，进一步对空间溢出效应进行了分解。最后，为了验证模型的可靠性，进行了异质性和稳健性检验。

7.1　空间权重矩阵的构建

空间计量模型相对于传统的计量经济模型，最大的区别是传统的计量经济模型通常从时间维度研究经济变量之间的关系，而空间计量模型充分考虑了变量间的空间依赖性，通过引入空间权重矩阵来量化空间关系。假设来自 n 个地区的数据记为 $\{x_i\}_{i=1}^{n}$，i 代表地区，地区 i 和 j 的距离记为 w_{ij}，那么空间权重矩阵可以表示（Spatial Weighting Matrix）为

$$\boldsymbol{W}=\begin{bmatrix} w_{11} & \cdots & w_{1n} \\ \vdots & \ddots & \vdots \\ w_{n1} & \cdots & w_{nn} \end{bmatrix} \tag{7-1}$$

式（7－1）中，主对角线的元素代表同一地区距离，所以 $w_{11}=\cdots=w_{nn}=0$。现有的研究中用的较多的有邻接矩阵、地理距离权重矩阵、经济距离矩阵等空间权重矩阵。

（1）邻接矩阵

邻接矩阵又称为 0－1 矩阵，即如果地区之间有共同的边界，则 $w_{ij}=1$，相反则为 0，在地理空间分析中，相邻关系是一个重要的概念，它可以用于描述地理实体之间的空间关系和空间交互作用。相邻关系又可以分为车相邻、象相邻和后相邻，这是比照象棋中不同棋子的行走路线做出的分类。在棋类游戏中，车相邻是指两个车在同一行或同一列上，且它们之间没有其他棋子阻隔，即两个相邻的地区拥有共同的边；象相邻是指两个象在棋盘上的斜线上，且它们之间没有其他棋子阻隔，即两个相邻的地区拥有共同的顶点；后相邻是指两个后在棋盘上相邻，即它们在同一行、同一列或同一斜线上，也就是两个相邻的地区拥有共同的边或者共同的顶点。具体表达式为

$$w_{ij}=\begin{cases} 1, i \text{ 与 } j \text{ 相邻} \\ 0, i=j \text{ 或 } i \text{ 与 } j \text{ 不相邻} \end{cases} \tag{7-2}$$

（2）地理距离权重矩阵

地理权重矩阵是以地区之间的距离为依据，来定义邻近关系。将地区之间的距离记为 d_{ij}，那么根据相邻关系的定义可以得出空间权重表达式为

$$w_{ij}=\begin{cases} 1, d_{ij}<d \\ 0, d_{ij}\geqslant d \end{cases} \tag{7-3}$$

式中　d——一个阈值。

还有一种比较常见的方式就是不使用邻近关系，而是使用距离的倒数来代替作为空间矩阵的元素，非主对角线元素为 i 地区省会与 j 地区省会的地理距离的倒数，主对角线元素为 0，表达式如下：

$$w_{ij}=\begin{cases}\dfrac{1}{d_{ij}},i\neq j\\ 0,i=j\end{cases} \tag{7-4}$$

（3）经济距离矩阵

随着交通便利程度的提高和客运成本的降低，经济距离也成为区域间协作发展不可或缺的因素，例如长三角、京津冀等经济圈，其经济密切程度不仅考虑了地理距离因素，还考虑其经济发展的距离因素，经济距离矩阵的元素为 i 地区的年人均 GDP 与 j 地区的年人均 GDP 的差值绝对值的倒数。具体表达式如下：

$$w_{ij}=\begin{cases}\dfrac{1}{|\overline{Y}_i-\overline{Y}_j|},i\neq j\\ 0,i=j\end{cases} \tag{7-5}$$

式中　$\overline{Y}_i$ 与 $\overline{Y}_j$——i 地区与 j 地区的年人均实际 GDP 平均值。

由于地理距离要素是创新人员和创新资本流动的重要考虑因素，于是选择 $\boldsymbol{W}_1$，即地理距离权重矩阵来进行空间回归分析，另外，为了验证结果的稳健性，借鉴邵帅等构造的地理经济距离空间权重矩阵（$\boldsymbol{W}_2$）[179]，其元素 $w_{ij}=\dfrac{1}{d}\times\dfrac{p_i}{\sum P}$；嵌套权重矩阵（$\boldsymbol{W}_3$），其元素 $w_{ij}=\mu\dfrac{1}{d}+(1-\mu)\dfrac{1}{|p_i-p_j|}$。式中，$d$ 代表两省份省会的地理距离，p 为某地区的人均 GDP，μ 取 0.5，表示地理距离矩阵所占比例。

在研究数字经济发展水平对区域创新能力的影响时，区域不仅存在地理性差异，同时受到经济水平影响，故此，最终采用经济距离矩阵。

7.2 空间自相关检验

在空间数据分析和地理信息科学领域中，常见的空间相关性度量指标包括 Moran’s I、Geary’s C、Getis－Ord Gi* 等。这些指标可以帮助我们理解空间数据中的空间关系和空间模式，从而更好地理解和解释地理现象。Moran’s I 莫兰指数是目前研究中应用最为广泛的指标，因此将采用该指数来研究各省经济协调发展水平的空间自相关性。Moran’s I 莫兰指数可以体现整个空间序列的集聚程度，因此也被称为全局 Moran’s I 莫兰指数。该指数的计算公式为

$$I=\frac{\sum_{i=1}^{n}\sum_{j=1}^{n}w_{ij}(Y_i-\overline{Y})(Y_j-\overline{Y})}{S^2\sum_{i=1}^{n}\sum_{j=1}^{n}w_{ij}} \tag{7-6}$$

式中　S^2——样本方差，$S^2=\frac{\sum_{i=1}^{n}(x_i-\overline{x})^2}{n}$；

w_{ij}——空间权重矩阵的 $(i,\ j)$ 元素；

$\sum_{i=1}^{n}\sum_{j=1}^{n}w_{ij}$——所有空间权重之和。

Moran’s I 的取值范围为－1～1，其中－1 表示完全的负相关，0 表示没有相关性，1 表示完全的正相关。当莫兰指数为正时，表示空间数据具有正的空间相关性，即相似的值更可能在相邻的区域出现。通常表明数据呈现出聚集现象；当莫兰指数为负时，表示空间数据具有负的空间相关性，即相似的值更可能在相隔较远的区域出现。通常

表明数据呈现出分散现象；当莫兰指数接近于 0 时，表示空间数据具有随机分布的特征，即空间数据之间没有明显的相关性。莫兰指数的计算方法基于莫兰散点图，具体来说，它是将莫兰散点图中所有点的数值和它们的邻居之间的平均数值之间的协方差除以所有点的数值和邻居之间的平均数值之间的方差得到的。

Moran's I 莫兰指数是一个衡量空间序列中空间集聚程度的指标，它被称为全局莫兰指数是因为它代表了整个空间序列的集聚情况。如果想要了解某个区域 i 附近的空间集聚情况，则可以使用“局部莫兰指数”，有

$$I_i = \frac{(y_i - \bar{y})}{S^2} \sum_{j \neq i}^{n} w_{ij}(y_j - \bar{y}) \tag{7-7}$$

令 $Z_i = y_i - \bar{y}$，$Z_j = y_j - \bar{y}$，$W_Z = \sum_{j \neq i}^{n} w_{ij}(y_j - \bar{y})$，在局部莫兰指数散点图中以 Z_i 为横轴，以 W_Z 为纵轴。

局部莫兰指数和全局莫兰指数是相似的。当局部莫兰指数为正时，表示空间数据具有正的空间相关性，通常表示数据呈现出聚集现象；当局部莫兰指数为负时，表示空间数据具有负的空间相关性，通常表明数据呈现出分散现象；当局部莫兰指数接近于 0 时，即空间数据之间没有明显的相关性。

7.2.1　全局自相关检验结果

根据莫兰指数公式，计算区域创新能力和数字经济发展水平的全局莫兰指数，结果如表 7－1 所示。在经济距离矩阵下，2013 年区域创新能力的全局莫兰指数在 5%、10%水平下均显著为正，说明区域创新能力存在空间上的正相关。2013 年数字经济发展水平全局莫兰指数

大部分在10%水平上显著，说明数字经济发展水平存在空间上的正相关。在经济地理嵌套矩阵下，2013年区域创新能力与数字经济发展水平的全局莫兰指数都在1%水平下显著为正，说明区域创新能力和数字经济发展水平全部存在空间上的正相关。因此，可以进一步采用空间计量模型进行分析。

表7-1　区域创新能力与数字经济发展水平全局莫兰指数

年份	QYCX	DEG
2013	0.142 **	0.123 *
2014	0.139 **	0.112 *
2015	0.14 **	0.127 *
2016	0.133 **	0.124 *
2017	0.115 *	0.123 *
2018	0.109 *	0.094 *
2019	0.113 *	0.095 *
2020	0.099 *	0.09
2021	0.111 *	0.103 *

注：① **、* 分别表示5%、10%的显著性水平。

7.2.2　局部自相关检验结果

进一步讨论区域创新能力与数字经济发展水平的空间依赖性，通过绘制局部莫兰指数散点图对区域创新能力和数字经济发展水平的空间集聚特征进行分析。在采用经济距离矩阵下，2013年和2021年区域创新能力、数字经济发展水平的局部莫兰指数散点图分别如图7-1～图7-4所示；在采用经济地理嵌套矩阵下，2013年和2021年区域创新能力、数字经济发展水平的局部莫兰指数散点图分别如图7-5～图7-8所示。

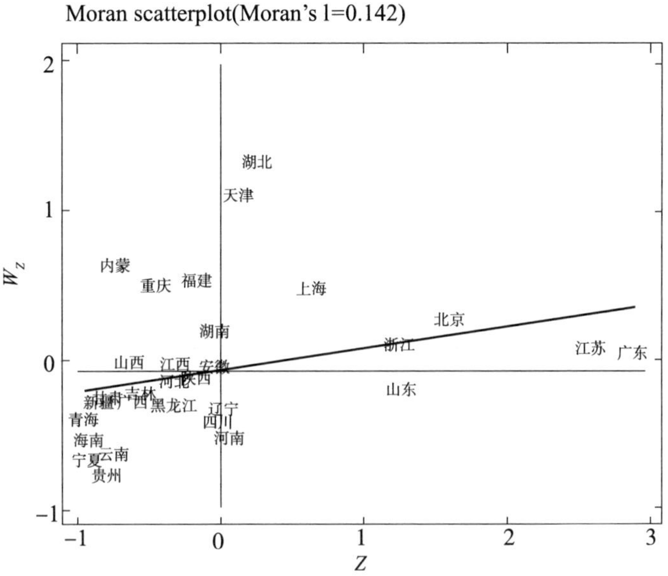

图 7-1　2013 年区域创新能力散点图（采用经济距离矩阵）

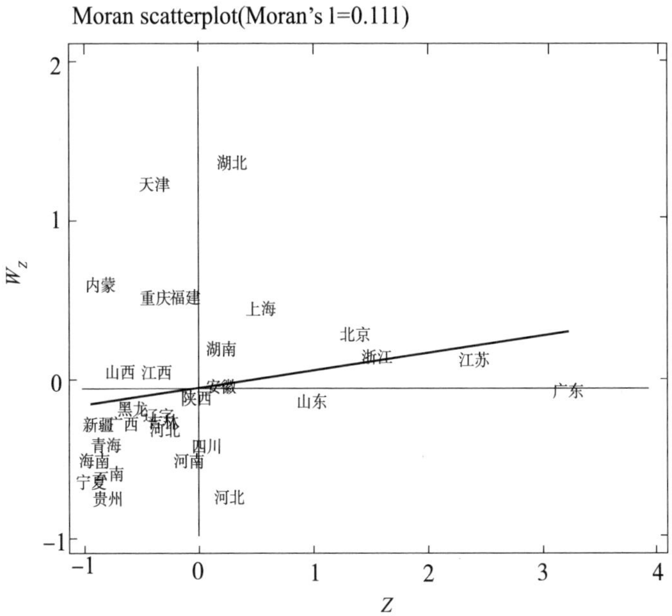

图 7-2　2021 年区域创新能力散点图（采用经济距离矩阵）

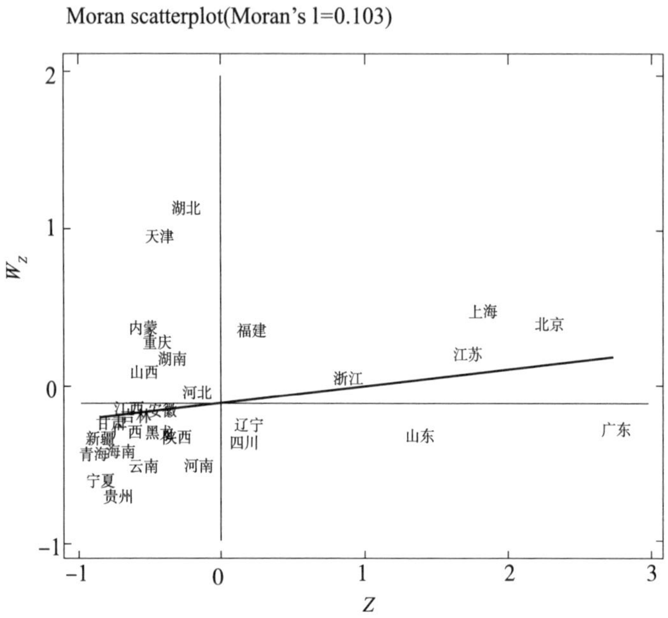

图 7－3　2013 年数字经济发展水平散点图（采用经济距离矩阵）

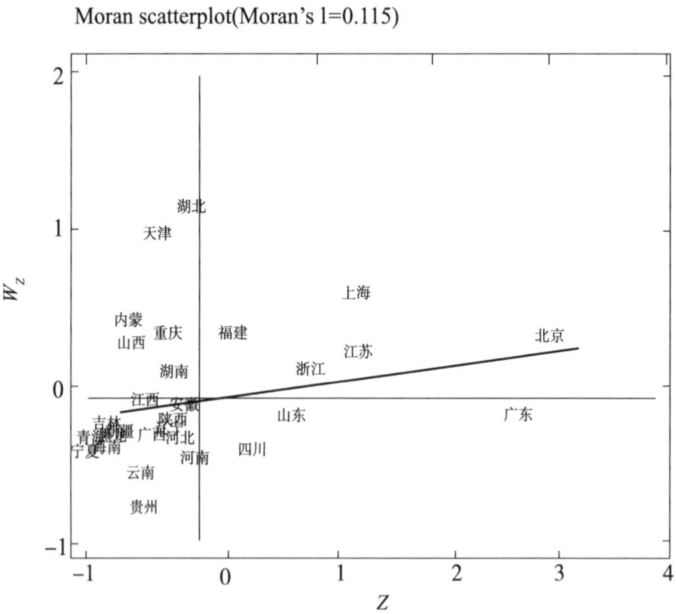

图 7－4　2021 年数字经济发展水平散点图（采用经济距离矩阵）

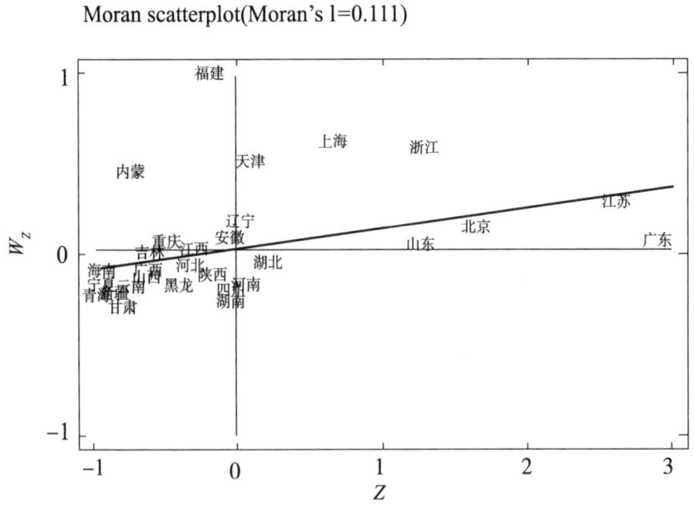

图 7-5　2013 年区域创新能力散点图（采用地理嵌套矩阵）

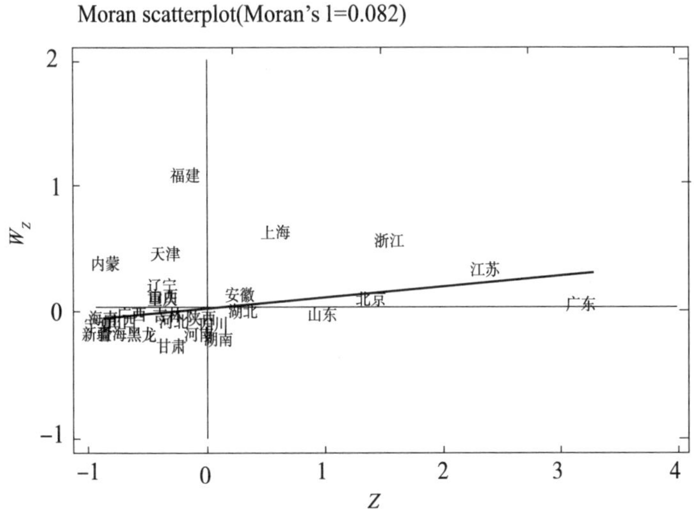

图 7-6　2021 年区域创新能力散点图（采用地理嵌套矩阵）

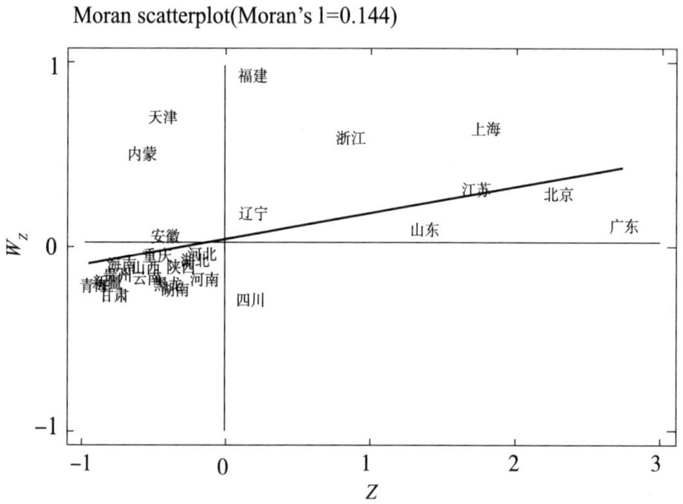

图 7-7　2013 年数字经济发展水平散点图（采用地理嵌套矩阵）

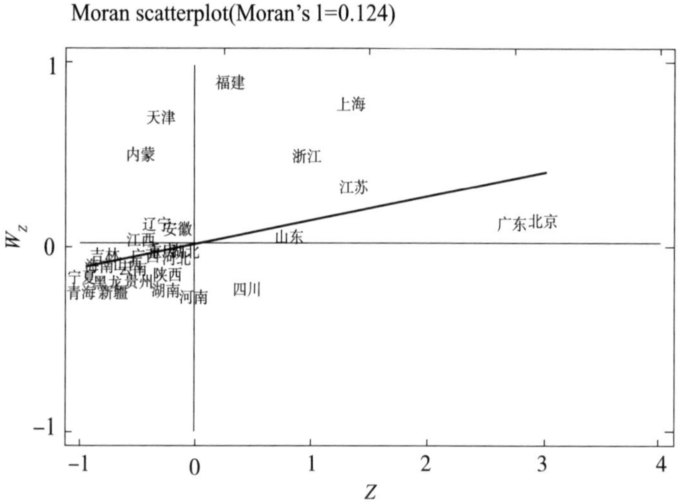

图 7-8　2021 年数字经济发展水平散点图（采用地理嵌套矩阵）

从上述散点图可以看出，无论采用哪种空间权重矩阵，大部分省份都坐落于第一、三象限中（即在空间上呈现出“高—高”集聚和“低—低”集聚），较少省份坐落于第二、四象限中（即在空间上呈现出“高—低”和“低—高”集聚）。分析“高—高”集聚省份，可以看出，无论是区域创新能力还是数字经济发展水平，大部分都属于东部地区，而“低—低”集聚，主要由西部地区的省份构成。“低—高”集聚以及“高—低”集聚由东部个别省份以及其他地区构成。从整体来看，区域创新能力和数字经济发展水平的高值集聚都呈现出东部地区集聚，区域创新能力和数字经济发展水平的低值集聚都呈现出西部地区集聚，这在一定程度上说明区域创新能力和数字经济发展水平存在着空间集聚效应。

7.3　空间模型的构建

7.3.1　模型的设定

在 7.2 节中进行的全局自相关检验和局部自相关检验可知，我国数字经济发展水平和区域创新能力存在显著的空间相关性，因此需要在计量模型加入空间因素。不同的空间计量模型对于空间的传导机制具有不同的假设，因此代表的经济含义也存在差异。

研究中常用的空间计量模型包括以下三种。

（1）空间滞后模型（SAR）

空间滞后模型是考虑空间变量的自回归模型，有

$$
\begin{gathered}
Y=\rho \boldsymbol{W} Y+X \rho+\varepsilon \\
\varepsilon \in N\left[0, \sigma^2 I\right]
\end{gathered}
\tag{7-8}
$$

式中　Y——被解释变量，维度为 $n \times 1$；

ρ——空间滞后项的系数；

ε——随机误差项；

$\boldsymbol{W}$ ——被标准化后的所选空间权重矩阵，维度为 $n \times n$，具体表达式为

$$\boldsymbol{W}=\begin{bmatrix} 0 & \cdots & W_{1N} \\ \vdots & \ddots & \vdots \\ W_{N1} & \cdots & 0 \end{bmatrix} \tag{7-9}$$

式中 W_{ij} ——第 i 个截面个体与第 j 个截面个体被解释变量之间的相关性。

（2）空间误差模型（SEM）

空间误差模型是考虑了随机干扰项在空间上的相关，有

$$Y=\rho X+\mu \tag{7-10}$$

式中 X ——解释变量；

μ ——扰动项，表达式为

$$\begin{gathered} \mu=\rho W\mu+\varepsilon \\ \varepsilon \in N[0,\sigma^2 I] \end{gathered} \tag{7-11}$$

（3）空间杜宾模型（SDM）

空间杜宾模型可以视作是空间滞后模型和空间误差模型的组合形式，有

$$Y=\rho WY+X\rho+WX\theta+\varepsilon \tag{7-12}$$

式中 Y ——被解释变量；

ρ ——解释变量的系数；

X ——解释变量；

θ ——解释变量的空间滞后项系数；

ε ——随机误差项。

7.3.2 空间模型选择

目前应用最广泛的能够帮助选择更适合的空间计量模型的检验方

法主要有：LM、Hausman、LR 和 Wald 等。

为了确定本书研究用的空间计量模型，首先，进行 LM 检验，检验结果如表 7－2 所示。在 LM 检验中，空间误差模型莫兰指数（Moran's I）、空间误差模型 LM（LM－Error）检验、稳健的空间误差模型 LM（Robust LM－Error）检验均通过 1%显著水平，说明样本适用于空间误差模型（SEM）；而空间滞后模型的 LM（LM－Lag）检验以及稳健的空间滞后模型 LM（Robust LM－Lag）检验通过 1%显著水平，说明样本适用于空间滞后模型（SAR）。

表 7－2　空间模型检验结果

Test	检验值	统计量	P 值
LM 检验	Moran's I	9.993	0.000
	LM－Error 检验	93.025	0.000
	Robust LM－Error 检验	151.531	0.000
	LM－Lag 检验	2.601	0.000
	Robust LM－Lag 检验	61.106	0.000
LR 检验	lrtest sdm_a sar_a	157.34	0.000
	lrtest sdm_a sem_a	60.65	0.000
Wald 检验	Wald test	152.17	0.000
Hausman 检验	Hausman test	50.48	0.000

其次，当空间误差模型与空间滞后模型均适用时，进行 LR 检验，检验结果如表 7－2 所示，对空间杜宾模型（SDM）退化成空间误差模型、空间滞后模型的检验值均通过了 1%显著水平，说明应该采用空间杜宾模型。在此基础上，进一步进行 Wald 检验，同样得出采用空间杜宾模型的结论。

最后，在采用空间杜宾模型时，同样需要对面板数据进行 Hausman 检验，检验结果如表 7－2 所示，*P* 值显示为 0，说明拒绝采用随机效应原假设。

根据以上检验结果，最终选定个体固定效应的空间杜宾模型。

7.4 空间模型回归结果分析

表 7-3 为采用空间杜宾模型（SDM）对数字经济发展水平与区域创新能力的回归结果，从中可以看出，Spatial rho 值为 0.361，且通过 1%显著水平检验，说明本地区区域创新能力与邻近地区区域创新能力存在很强的相关性，即存在空间自相关性，再一次验证出采用空间计量模型的科学性。同时，在控制变量方面，DEG、CZZC、CYJG 均通过了 5%显著性水平检验，其中 DEG、CZZC 的系数为正，说明数字经济发展水平、财政支出可以促进本地区的区域创新能力提升，而 CYJG 的系数为负，说明产业结构可以抑制本地区区域创新能力提升，这与前文基准回归模型得到的结果相差不大。

表 7-3　数字经济发展水平与区域创新能力的回归结果

变量	SDM 模型
DEG	0.884 *** (−21.03)
FDI	0.0102 (−0.06)
CZZC	0.245 ** (−2.68)
CSH	−0.051 (−0.34)
GDP	0.007 28 (−0.17)

续表

变量	SDM 模型
CYJG	−0.035 3 ** (−2.63)
RLZB	0.068 9 (−0.73)
W * DEG	−0.753 *** (−10.47)
W * FDI	−0.623 *** (−1.84)
W * CZZC	−0.011 1 (−0.06)
W * CSH	−0.458 (−1.43)
W * GDP	0.134 (−1.95)
W * CYJG	−0.026 2 (−0.85)
W * RLZB	0.415 ** (−2.63)
Constans	
Spatial rho	0.361 *** (−4.48)
sigma2_e	0.000 424 *** (−11.48)
R^2	0.830
N	270

注:① *** 、** 、* 分别表示 1%、5%、10%的显著性水平;②括号内为 t -统计量。

核心解释变量 W * DEG 的系数通过 1%显著性水平检验，且系数为负，说明本地区数字经济发展对邻近省份的区域创新能力产生抑制作用，存在负向空间溢出效应。分析原因在于，一方面数字经济发展作为推动区域创新能力的重要影响因素，在加快区域间信息要素流动速度的同时，也会使得区域间资源竞争加剧，在市场机制作用下，当一个地区的数字经济发展越高，那这个地区所具备的信息吸收能力就越强，技术、资金等创新要素也更容易流向高值地区，促进高值地区创新成果转化，赋能本地区创新能力，对邻近周边地区的区域创新能力产生抑制作用，即极化效应；另一方面，各地区数字经济发展水平差异较大，部分地区数字经济发展处于起步阶段，辐射作用较差，难以与周边邻近地区形成协同发展合作的局面，从而产生负向空间溢出作用[85]。

至此，“假设 H4：数字经济发展对区域创新能力的影响存在空间溢出作用”得到验证。数字经济发展通过促进地区间资源要素重新配置，加快区域间要素流动，从而不断吸收周围地区的人力、投入资本等要素，从而促进本地区创新能力发展，产生“虹吸效应”，进而抑制周围地区创新能力的发展，最终实现负向空间溢出效应。

控制变量 W * FDI、W * RLZB 均通过了 5%显著性水平检验，其中 W * FDI 的系数为负，说明本地区外商直接投资会对邻近省份的区域创新能力产生抑制作用，存在负向空间溢出效应，W * RLZB 的系数为正，说明本地区人力资本会对邻近省份的区域创新能力产生促进作用，存在正向空间溢出效应。

7.5 空间溢出效应分解

在运用 SDM 模型进行实证分析时，得出的系数没有办法完全解释出解释变量对被解释变量的影响，有学者将这种影响分类归为直接效应、间接效应和总效应，其中间接效应也被称为溢出效应，并给出了一种对空间效应进行效应分解的偏微分方法。首先将 SDM 模式整理成一般形式，有

$$Y=(I-\rho W)^{-1}n\tau_n+(I-\rho W)^{-1}(X\beta+WX\gamma)+AZ+(I-\rho W)^{-1}\varepsilon \tag{7-13}$$

求被解释变量对第 k 个解释变量的偏微分方程，能够得出

$$\left(\frac{\partial y}{\partial x_{1k}}\ \frac{\partial y}{\partial x_{2k}}\cdots\frac{\partial y}{\partial x_{nk}}\right)=\begin{pmatrix}\frac{\partial y_1}{\partial x_{1k}} & \cdots & \frac{\partial y_1}{\partial x_{nk}}\\ \vdots & \ddots & \vdots\\ \frac{\partial y_n}{\partial x_{1k}} & \cdots & \frac{\partial y_n}{\partial x_{nk}}\end{pmatrix}$$

$$=(I-\rho W)^{-1}\begin{pmatrix}\beta_k & w_{12}\gamma_k & \cdots & w_{1n}\gamma_k\\ w_{21}\gamma_k & \beta_k & \cdots & w_{2n}\gamma_k\\ \vdots & \vdots & \ddots & \vdots\\ w_{n1}\gamma_k & w_{n2}\gamma_k & \cdots & \beta_k\end{pmatrix} \tag{7-14}$$

式（7－14）中，符号右边的矩阵被称为偏微分矩阵，对该偏微分矩阵的主对角线元素求平均值可得直接效应，直接效应表示一个地区的第 k 个解释变量对于本地区的被解释变量的作用。同样地，对于偏微分矩阵的非对角线元素进行求平均值可以得出间接效应，间接效应表示一个地区的第 k 个解释变量对于其他地区的被解释变量产生的影响，间接效应也被称为空间溢出效应。对偏微分矩阵所有元素求和得到总效应，总效应等于直接效应加间接效应。

采用上述偏微分方法，对 7.3.2 节建立的空间计量模型的空间溢

出效应进行分解，结果如表 7－4 所示，直接效应表示的是解释变量对本地区被解释变量的影响，DEG 系数为 0.85，通过 1%显著性水平检验，说明数字经济发展水平可以促进区域创新能力；间接效应表示的是解释变量对邻近地区被解释变量的影响，即空间溢出作用，DEG 系数为－0.652，通过 1%显著性水平检验，说明本地区数字经济发展水平会对邻近地区区域创新能力产生抑制作用，即存在负向空间溢出作用。可以看出，经过偏微分计算分解后的间接效应与前文空间交叉项计算出的结果有微小差异，但系数的方向保持一致。

控制变量中，CZZC 直接效应的系数为 0.261，通过 5%显著性水平检验，说明财政支出会对本地区域创新能力产生促进作用；CYJG 直接效应的系数在 5%显著性水平为负，说明产业结构对本地区区域创新能力会产生抑制作用；GDP 的间接效应系数为 0.207，通过 10%显著性水平检验，说明本地区经济水平的提升会对邻近地区区域创新能力产生促进作用；RLZB 间接效应系数为 0.648，通过 5%显著性水平检验，说明本地区人力资本会对邻近地区区域创新能力产生促进作用。

表 7－4　空间杜宾模型效应分解结果

变量	直接效应	间接效应	总效应
DEG	0.850 *** （－21.16）	－0.652 *** （－7.79）	0.199 * （－2.43）
FDI	－0.0449 （－0.28）	－0.874 （－1.74）	－0.919 （－1.64）
CZZC	0.261 ** （－3.00）	0.119 （－0.45）	0.38 （－1.37）
CSH	－0.0932 （－0.70）	－0.713 （－1.62）	－0.806 （－1.96）

续表

变量	直接效应	间接效应	总效应
GDP	0.0208 (−0.54)	0.207 * (−2.17)	0.228 * (−2.4P)
CYJG	−0.0388 ** (−2.93)	−0.0594 (−1.29)	−0.0982 (−1.89)
RLZB	0.104 (−1.07)	0.648 ** (−2.97)	0.752 ** (−3.16)

注：① *** 、** 、* 分别表示 1%、5%、10%的显著性水平；②括号内为 t-统计量。

7.6 异质性和稳健性检验

7.6.1 异质性检验

由于我国国土面积辽阔，人口分布不均匀，各地区经济发展不平衡，区域间差异较大，为了更准确研究数字经济对区域创新能力的影响，进一步根据 5.3.3 节的划分方式，将样本划分为东部地区、中部地区、西部地区，表 7－5 为三大地区空间效应的分解结果。

表 7－5　分地区空间效应分解结果

	东部地区		中部地区		西部地区	
变量	直接效应	间接效应	直接效应	间接效应	直接效应	间接效应
DEG	0.731 *** (−10.48)	−0.325 *** (−3.83)	0.620 *** (−3.62)	−0.585 ** (−3.14)	0.188 (−1.9)	−0.315 ** (−2.94)
FDI	−0.566 * (−2.18)	−0.11 (−0.34)	0.714 * (−2.52)	−2.113 ** (−2.74)	−0.939 (−1.44)	−8.641 ** (−2.63)
CZZC	0.379 (−1.7)	−0.576 * (−2.11)	−0.209 (−1.37)	−0.0979 (−0.32)	−0.0228 (−0.26)	0.475 * (−2.08)

续表

	东部地区		中部地区		西部地区	
CSH	0.0747 (−0.28)	−0.665 (−1.41)	0.033 (−0.11)	1.866 ** (−3.15)	0.263 (−1.08)	−1.31 (−1.83)
GDP	0.0617 (−0.6)	0.0929 (−0.71)	0.00306 −0.07	−0.159 (−1.72)	0.0467 (−0.97)	0.231 (−1.64)
CYJG	−0.0642 ** (−3.01)	−0.032 (−0.75)	0.0169 (−0.98)	−0.139 *** (−4.08)	0.0276 (−1.15)	−0.0859 (−1.26)
RLZB	0.145 (−0.85)	0.838 *** (−3.43)	0.197 (−1.52)	0.00354 (−0.02)	0.114 (−1.12)	0.281 (−1.7)

注:① *** 、** 、* 分别表示 1%、5%、10%的显著性水平;②括号内为 t-统计量。

可以看出，东部地区与中部地区 DEG 直接效应系数均在 1%显著水平下为正，说明我国东部地区、中部地区数字经济发展水平可以显著促进区域创新能力；而东部地区、中部地区间接效应均在 5%显著水平下为负，说明我国东部地区、中部地区数字经济发展水平都抑制了邻近地区区域创新能力；西部地区直接效应回归系数为正，但不显著，这可能是由于西部地区数字经济发展水平正处于起步阶段，没能形成知识溢出、技术溢出从而提高本地区区域创新能力，间接效应在 5%显著水平下为负，说明数字经济发展水平抑制了邻近地区区域创新能力。

7.6.2 稳健性检验

为了检验以经济距离构建的空间杜宾模型的稳健性，采用经济地理距离嵌套空间权重矩阵再次进行回归，并与以经济距离为空间权重矩阵相比，结果如表 7-6 所示。对比以经济距离构建的空间杜宾模型与基于经济地理距离嵌套空间权重矩阵的空间杜宾模型回归结果，可知 Spatial rho 值在 1%显著性水平检验下显著为正，说明本地区区域创新能力与邻近地区区域创新能力存在很强的相关性，即存在空间自相关性。核心解释变量 DEG 回归结果与经济距离矩阵下相差不大，DEG 系数在 1%显著性水平检验为正，说明数字经济发展促进本地区的区域创新能力；W * DEG 的系数通过 1%显著性水平检验，且系数为负，说明本地区数字经济发展对邻近省份的区域创新能力产生抑制作用，存在负向空间溢出效应。对于控制变量回归结果也与经济距离矩阵相差不大，这说明模型的回归结果具有稳健性。

表 7-6　基于经济地理距离嵌套空间权重矩阵回归结果

变量	对本地区效应	对邻近地区效应	直接效应	间接效应	总效应
DEG	0.971 *** (−21.8)	−0.849 *** (−11.51)	0.954 *** −21.49	−0.658 *** (−4.71)	0.296 * (−2.15)
FDI	0.153 (−0.92)	2.188 ** (−2.67)	0.321 (−1.56)	5.938 * (−2.08)	6.259 * (−2.08)
CZZC	0.236 ** (−2.82)	0.36 (−1.32)	0.283 *** (−3.38)	1.293 (−1.61)	1.576 (−1.9)
CSH	−0.29 (−1.72)	−0.32 (−0.61)	−0.330 * (−2.22)	−1.224 (−0.99)	−1.554 (−1.29)
GDP	−0.049 6 (−1.20)	0.331 ** (−3.29)	−0.025 (−0.65)	0.759 ** (−2.85)	0.734 ** (−2.73)
CYJG	−0.0447 ** (−3.23)	−0.0646 (−1.41)	−0.0517 *** (−3.78)	−0.234 (−1.81)	−0.285 * (−2.12)
RLZB	0.132 (−1.49)	−0.0424 (−0.22)	0.132 (−1.44)	0.0482 (−0.1)	0.18 (−0.36)

续表

变量	对本地区效应	对邻近地区效应	直接效应	间接效应	总效应
Spatial rho	0.596 *** (−6.06)				
sigma2_e	0.000 392 *** (−11.47)				
N	270				

注：① ***、**、* 分别表示1%、5%、10%的显著性水平；②括号内为t-统计量。

7.7 本章小结

本章首先，对数字经济发展水平与区域创新能力的空间相关性进行了检验，全局自相关和局部自相关两者检验方式均说明数字经济发展水平与区域创新能力存在显著空间相关性；随后通过LM、Hausman、LR和Wald等一系列检验最终确定采用空间杜宾模型。

其次，采用空间杜宾模型来研究数字经济发展水平对区域创新能力的空间溢出效应，选取经济距离矩阵进行分析。经过实证研究发现，数字经济发展水平抑制了周围邻近地区区域创新能力的发展，即存在负向空间溢出效应。进一步分析造成这种现象的原因主要有两种：1）数字经济发展加剧区域间的资源竞争，最终导致创新要素流向高值地区，赋能本地区创新能力，对邻近周边地区的区域创新能力产生抑制作用，即极化效应；2）各地区数字经济发展差异较大，部分地区数字经济发展处于起步阶段，辐射作用较差，难以与周边邻近地区形成协同发展合作的局面，从而产生负向空间溢出作用。

最后，对回归模型进行异质性检验与稳健性检验。异质性检验主要是通过将我国划分为东部、中部、西部三大经济地带进行回归；稳健性检验主要是通过替换空间权重矩阵重新进行回归的方法来进行。异质性回归结果中，东部、中部地区显著，西部地区不显著，这说明数字经济发展水平对区域创新能力的影响存在异质性，稳健性检验结果表明回归结果具有稳健性。

第8章　区域间创新要素流动及区域经济协调水平指标构建及测度

本章首先对区域间创新要素流动的测度模型及指标选取进行了说明，然后构建了区域间创新要素流动及区域经济协调水平的指标体系，并进行了测度与结果分析。

8.1　区域间创新要素流动测度模型选取及指标构建

8.1.1　区域间创新要素流动测度模型选取

创新要素是现代社会发展的重要支撑，对于推动社会进步、促进经济发展和提高国家竞争力都具有非常重要的作用。因此，如何测度区域间创新要素的流动成为一个备受关注的问题。在这个领域中，引力模型是一种被广泛采用的方法。引力模型最初被应用于人口统计学领域，随后被推广到社会科学和经济学领域。Anderson（1979）、Helpmenand Krugman（1985）、Bergstrand（1985，1989）和Andersonand Wincoop（2003）等经济学家对引力模型进行了深入研究，推导出了各种不同的引力模型。在创新要素流动的测度中，相对引力模型被广泛采用。这种模型对于整个地区研发要素流动量是通过一个地区对其他地区的研发要素流动量进行求和所得。这种方法的优点在于简单易行，而且能够准确测量创新要素的流动情况。

当然，引力模型也存在一些局限性。例如，该模型忽略了创新要素流动的复杂性和多样性，而且无法考虑到区域内部的影响因素。因此，在实际应用中需要结合其他方法进行研究，以便更全面地了解创新要素的流动情况。

8.1.2　区域间创新要素流动指标构建

在以往研究中，学者们大多根据数据的可取性对引力模型作适当的变化，参考已有文献，并考虑数据的可得性，我们在构建区域创新要素流动指标时，选择仅考虑吸引力变量的双对数引力模型。吸引力变量选取了地区间的工资差的绝对值和房价之差的绝对值，以此测算创新人员的流动规模。考虑到地区的企业平均利润率水平和金融市场化程度会影响创新资本的流动，即具有“趋利性”特点，选择引入区域之间利润率的差值绝对值和地区金融业市场化水平的差值绝对值，将其作为吸引力变量，以测度创新资本的流动规模。

假设由地区 m 流动到地区 n 的创新人员数量 flp_{mn} 为

$$\mathrm{flp}_{mn} = \ln P_m \times \ln(\mathrm{wage}_m - \mathrm{wage}_n) \times \ln(\mathrm{house}_m - \mathrm{house}_n) \times R^{-2} \tag{8-1}$$

式中　P_m —— m 省 R&D 人员存量；

wage_m，wage_n —— m 省和 n 省的城镇单位就业人员平均工资；

house_m，house_n —— m 省和 n 省的住宅的平均销售价格；

R —— m 省与 n 省两省的省会城市距离，利用 Geoda 软件对国家地理信息系统网站上 1∶40 的电子地图测量所得。

假设由地区 m 流动到地区 n 的创新资本数量 cfl_{mn} 为

$$\mathrm{cfl}_{mn} = \ln C_m \times \ln(\mathrm{rate}_m - \mathrm{rate}_n) \times \ln(\mathrm{market}_m - \mathrm{market}_n) \times R^{-2} \tag{8-2}$$

式中 C_m —— m 省的 R&D 资本；

rate_m，rate_n —— m 省和 n 省的企业平均利润率水平；

market_m，market_n —— m 省和 n 省的金融业市场化指数。

m 省在 t 年的要素流动量则为 t 年 m 省流向其他省的要素流动数量加总得到。

其中，R&D 资本存量的测算借鉴白俊红等[①]、吴延兵[②]的方法，将各地区的 R&D 支出以 2001 年为基期，按照 R&D 支出价格指数进行平减得到实际值，并运用了永续盘存法来计算 2001—2020 年的 R&D 资本存量，具体的测算公式为

$$C_{m,t} = (1-\delta)C_{m,t-1} + E_{m,t-1} \tag{8-3}$$

式中 $C_{m,t}$ —— m 省在 t 时期的研发资本的存量；

$C_{m,t-1}$ —— m 省在 $t-1$ 时期的研发资本的存量；

$E_{m,t-1}$ —— m 省 $t-1$ 时期的研发资本流量；

δ ——R&D 资本折旧率，创新要素的支出价格指数＝0.6＊消费价格指数＋0.4＊固定资产投资价格指数。

另外

$$C_{m,0} = E_{m,0}/(g+\delta)$$

式中 $C_{m,0}$ ——基期 m 地区的研发资本存量；

$E_{m,0}$ ——基期 m 地区的资本流量；

g ——研究时期内研发资本支出的几何增长率，δ 取 0.15。

---

① 白俊红，李婧. 政府 RD 资助与企业技术创新——基于效率视角的实证分析［J］. 金融研究，2011（06）：181－193.

② 吴延兵. R&D 存量、知识函数与生产效率［J］. 经济学（季刊），2006（03）：1129－1156.

8.2　区域间创新要素流动测度及结果分析

（1）综合情况分析

基于引力模型测算 2004—2020 年我国省际创新要素流动量，创新人员流动量和创新资本流动量具体数据如表 8－1 和表 8－2 所示。

表 8－1　2004—2020 年我国省际创新人员流动量

省份	2004	2006	2008	2010	2012	2014	2016	2018	2020
北京市	0.140	0.155	0.176	0.183	0.193	0.200	0.214	0.224	0.242
天津市	0.112	0.126	0.144	0.154	0.164	0.173	0.187	0.191	0.198
河北省	0.046	0.061	0.064	0.068	0.078	0.079	0.089	0.088	0.094
山西省	0.027	0.041	0.042	0.045	0.050	0.055	0.056	0.061	0.063
内蒙古自治区	0.021	0.022	0.022	0.027	0.027	0.031	0.034	0.033	0.033
辽宁省	0.020	0.022	0.024	0.025	0.024	0.022	0.022	0.024	0.028
吉林省	0.016	0.020	0.022	0.017	0.023	0.023	0.020	0.023	0.027
黑龙江省	0.010	0.014	0.016	0.010	0.016	0.018	0.016	0.017	0.020
上海市	0.067	0.071	0.075	0.087	0.086	0.093	0.103	0.104	0.113
江苏省	0.079	0.088	0.091	0.102	0.104	0.110	0.120	0.123	0.135
浙江省	0.066	0.073	0.079	0.089	0.087	0.095	0.104	0.108	0.118
安徽省	0.060	0.069	0.072	0.080	0.084	0.086	0.097	0.098	0.110
福建省	0.019	0.021	0.022	0.024	0.026	0.027	0.028	0.027	0.031
江西省	0.041	0.049	0.056	0.058	0.048	0.044	0.055	0.060	0.065
山东省	0.041	0.045	0.047	0.051	0.056	0.054	0.063	0.062	0.068
河南省	0.029	0.031	0.035	0.041	0.044	0.049	0.048	0.054	0.057
湖北省	0.028	0.040	0.043	0.045	0.046	0.045	0.054	0.058	0.062
湖南省	0.026	0.028	0.030	0.032	0.034	0.039	0.041	0.043	0.047
广东省	0.023	0.024	0.025	0.028	0.027	0.028	0.031	0.033	0.035
广西壮族自治区	0.014	0.015	0.017	0.016	0.020	0.021	0.021	0.023	0.025

续表

省份	2004	2006	2008	2010	2012	2014	2016	2018	2020
海南省	0.009	0.010	0.012	0.013	0.014	0.015	0.016	0.017	0.018
重庆市	0.018	0.021	0.025	0.027	0.027	0.023	0.029	0.034	0.039
四川省	0.018	0.018	0.024	0.023	0.025	0.019	0.027	0.029	0.032
贵州省	0.016	0.017	0.017	0.019	0.020	0.023	0.025	0.024	0.029
云南省	0.010	0.010	0.011	0.012	0.012	0.013	0.014	0.015	0.017
陕西省	0.017	0.023	0.023	0.027	0.029	0.029	0.030	0.035	0.039
甘肃省	0.022	0.025	0.032	0.026	0.033	0.029	0.032	0.037	0.040
青海省	0.018	0.017	0.020	0.017	0.022	0.020	0.022	0.028	0.030
宁夏回族自治区	0.013	0.015	0.017	0.018	0.018	0.021	0.023	0.025	0.024
新疆维吾尔自治区	0.002	0.002	0.002	0.002	0.003	0.003	0.003	0.003	0.004

表 8-2　2004—2020 年我国省际创新资本流动量

省份	2004	2006	2008	2010	2012	2014	2016	2018	2020
北京市	0.606 1	0.311 1	0.247 4	0.188 0	0.453 4	0.326 0	0.159 8	0.109 2	0.103 1
天津市	0.427 7	0.135 9	0.200 0	0.105 1	0.366 3	0.294 1	0.163 9	0.127 9	0.237 1
河北省	0.143 6	0.203 7	0.089 1	0.166 8	0.134 5	0.092 2	0.106 4	0.122 9	0.216 3
山西省	0.144 7	0.085 4	0.090 1	0.109 0	0.087 8	0.059 7	0.052 8	0.063 6	0.133 7
内蒙古自治区	0.092 8	0.043 5	0.033 2	0.049 0	0.048 4	0.055 7	0.051 2	0.050 0	0.043 7
辽宁省	0.053 4	0.039 8	0.036 6	0.035 5	0.043 2	0.039 6	0.084 5	0.089 9	0.128 9
吉林省	0.052 2	0.037 8	0.030 0	0.032 0	0.079 5	0.103 8	0.076 9	0.109 1	0.093 9
黑龙江省	0.023 2	0.012 5	0.007 4	0.021 4	0.066 9	0.098 5	0.029 2	0.068 6	0.068 7
上海市	0.341 7	0.464 9	0.227 6	0.155 5	0.103 8	0.270 6	0.205 9	0.116 4	0.114 8
江苏省	0.241 0	0.240 0	0.354 7	0.382 1	0.341 9	0.310 9	0.199 2	0.213 6	0.261 8
浙江省	0.343 8	0.477 7	0.254 0	0.124 4	0.121 2	0.315 7	0.272 4	0.185 5	0.209 6
安徽省	0.347 5	0.251 6	0.212 6	0.264 6	0.315 8	0.178 2	0.266 3	0.232 5	0.257 9
福建省	0.055 5	0.055 4	0.028 6	0.036 3	0.034 0	0.031 9	0.057 3	0.061 6	0.071 8
江西省	0.187 2	0.169 7	0.180 8	0.156 3	0.119 8	0.099 6	0.330 4	0.351 5	0.247 1

续表

省份	2004	2006	2008	2010	2012	2014	2016	2018	2020
山东省	0.140 4	0.106 7	0.129 9	0.114 6	0.092 0	0.085 3	0.076 7	0.099 5	0.154 0
河南省	0.107 0	0.123 5	0.087 6	0.083 0	0.099 5	0.090 2	0.151 7	0.109 2	0.092 2
湖北省	0.243 2	0.209 0	0.290 6	0.350 0	0.205 4	0.143 1	0.140 2	0.121 1	0.099 9
湖南省	0.094 3	0.151 6	0.188 3	0.283 3	0.152 8	0.139 1	0.198 3	0.145 9	0.142 6
广东省	0.103 2	0.102 4	0.069 4	0.080 3	0.062 1	0.080 7	0.088 7	0.109 7	0.123 3
广西壮族自治区	0.089 4	0.041 7	0.032 3	0.049 6	0.046 1	0.045 2	0.031 9	0.045 2	0.038 3
海南省	0.038 8	0.016 4	0.014 0	0.010 6	0.010 4	0.013 7	0.016 8	0.012 1	0.021 1
重庆市	0.050 8	0.058 8	0.093 0	0.064 8	0.044 0	0.063 8	0.047 9	0.085 4	0.099 4
四川省	0.061 8	0.067 8	0.106 9	0.076 5	0.060 1	0.071 6	0.089 2	0.097 0	0.095 0
贵州省	0.046 8	0.054 2	0.058 4	0.052 7	0.056 0	0.048 4	0.065 2	0.075 5	0.078 6
云南省	0.018 0	0.020 2	0.044 6	0.022 6	0.050 0	0.025 3	0.036 1	0.043 6	0.052 3
陕西省	0.068 9	0.066 6	0.052 5	0.046 1	0.039 1	0.043 1	0.058 0	0.059 1	0.076 4
甘肃省	0.045 6	0.059 2	0.047 6	0.045 7	0.042 5	0.046 6	0.038 0	0.069 8	0.078 6
青海省	0.017 7	0.010 2	0.008 4	0.013 4	0.020 8	0.038 9	0.029 0	0.035 3	0.055 4
宁夏回族自治区	0.026 7	0.033 1	0.032 9	0.033 0	0.022 6	0.026 2	0.032 8	0.042 5	0.048 1
新疆维吾尔自治区	0.003 1	0.002 1	0.001 7	0.003 6	0.004 9	0.006 0	0.006 9	0.006 4	0.009 9

我国是一个拥有广阔领土和多样化地域特征的国家，不同的地区之间在经济、文化、社会等方面存在巨大差异，这也是创新要素流动过程中需要面临的一些挑战。通过对我国不同地区的创新要素流动的分析可以发现，这种流动具有明显的空间集聚特点。根据上述分析可知，我国的北京市、天津市、河北省、山东省、江苏省、浙江省、上海市等东部地区的创新要素流动值，明显高于其他地区。这些地区大都处于东部沿海地区，地理位置具有很大优势，拥有较为完善的产业链和创新生态系统，吸引了大量的创新要素流入。相比之下，我国中

部地区、东北地区和西部地区的创新要素流动量明显低于东部地区，且呈现依次降低的趋势。这些地区的经济发展水平相对较低，创新环境不够成熟，缺乏吸引和培育创新要素的条件和机制，因此难以吸引和留住创新人才和创新资源。

总体来说，我国区域间的创新要素流动程度存在明显的差异和集聚特点，东部沿海地区特别是长三角地区和京津冀地区成为创新人才和创新资本的“聚集地”，而西部地区缺乏比较优势，导致创新要素活跃性较低，成为“匮乏地”。

（2）创新人员流动量占比分析

表 8-3 具体描述了各地创新人员流动量及占比，从总体角度来看，各地创新人员流动量均呈现上升趋势，这可能是由于交通基础设施的发展，导致全国范围内的创新人员流动量均有显著增加。从三大区域的角度来看，东部地区的创新人员流动量在 2004 年、2009 年、2014 年和 2020 年均超过 60%，其次是中部和西部地区，占比分别为 20%以上和 15%以上，由此可见，东部地区由于经济发达、交通便利、科技和教育资源丰富等原因，使得创新人员流动规模最大，西部地区由于地理位置较差和经济发展水平较低等原因，对于创新人员的吸引力不够强劲。进一步分析各地的创新人员流动规模可知，北京市、天津市、江苏省、上海市、浙江省稳居前 5 名，在东部地区，北京市无疑是创新人员流动的集聚地，天津市由于地理位置和政府政策加持等原因，其创新人员流动量一直紧随北京市之后，稳居第二名，其次是江浙沪地区。中部地区的流动量比值从 2004 年的 20.65%增长至 2020 年的 21.93%。特别是安徽省和湖北省，显示出较强的增长势头，安徽省从 5.87%增长至 5.97%，湖北省从 2.76%增长至 3.35%。西部地区的流动量比值从 2004 年的 16.36%增长至 2020 年的 16.90%。

重庆市和陕西省表现尤为突出，重庆市从 1.78%增长至 2.11%，陕西省从 1.64%增长至 2.11%。

表 8-3　各省份创新人员流动量及其所占比值

地区		2004 年		2009 年		2014 年		2020 年	
		流动量	比值/%	流动量	比值/%	流动量	比值/%	流动量	比值/%
东部地区	总计	0.646 7	62.99	0.830 4	63.01	0.937 8	62.99	1.126 2	61.17
	北京市	0.139 8	13.61	0.176 0	13.36	0.200 2	13.45	0.242 2	13.16
	天津市	0.111 7	10.88	0.146 0	11.08	0.172 9	11.61	0.198 4	10.78
	河北省	0.045 9	4.47	0.065 0	4.93	0.078 8	5.29	0.093 6	5.08
	上海市	0.066 7	6.50	0.084 5	6.41	0.093 5	6.28	0.112 5	6.11
	江苏省	0.079 5	7.74	0.099 1	7.52	0.109 8	7.38	0.135 1	7.34
	浙江省	0.066 0	6.43	0.085 7	6.51	0.095 1	6.39	0.117 8	6.40
	福建省	0.018 6	1.81	0.022 9	1.74	0.027 0	1.81	0.031 2	1.69
	山东省	0.040 8	3.98	0.049 7	3.77	0.053 9	3.62	0.068 0	3.70
	广东省	0.022 6	2.20	0.025 2	1.91	0.028 4	1.91	0.035 3	1.92
	海南省	0.009 0	0.88	0.012 8	0.97	0.015 4	1.04	0.017 9	0.97
	黑龙江省	0.010 4	1.02	0.016 2	1.23	0.017 8	1.19	0.019 8	1.08
	吉林省	0.015 8	1.54	0.023 2	1.76	0.022 9	1.54	0.026 8	1.45
	辽宁省	0.019 9	1.94	0.024 0	1.82	0.022 1	1.49	0.027 5	1.49
中部地区	总计	0.212 0	20.65	0.278 7	21.15	0.317 9	21.35	0.403 7	21.93
	山西省	0.027 4	2.66	0.043 7	3.31	0.055 0	3.69	0.063 3	3.44
	安徽省	0.060 3	5.87	0.078 0	5.92	0.086 0	5.77	0.110 0	5.97
	江西省	0.041 2	4.01	0.055 3	4.20	0.043 9	2.95	0.064 8	3.52
	河南省	0.028 7	2.79	0.036 3	2.76	0.049 4	3.32	0.056 7	3.08
	湖北省	0.028 3	2.76	0.040 0	3.04	0.044 9	3.02	0.061 6	3.35
	湖南省	0.026 1	2.55	0.025 4	1.93	0.038 7	2.60	0.047 3	2.57

续表

地区		2004 年		2009 年		2014 年		2020 年	
		流动量	比值/%	流动量	比值/%	流动量	比值/%	流动量	比值/%
西部地区	总计	0.168 0	16.36	0.208 7	15.84	0.233 1	15.65	0.311 2	16.90
	内蒙古自治区	0.020 6	2.00	0.025 1	1.90	0.031 3	2.10	0.033 4	1.82
	广西壮族自治区	0.013 9	1.35	0.017 3	1.32	0.021 0	1.41	0.024 7	1.34
	重庆市	0.018 2	1.78	0.025 6	1.94	0.023 2	1.56	0.038 8	2.11
	四川省	0.018 0	1.75	0.023 0	1.74	0.018 5	1.24	0.032 2	1.75
	贵州省	0.016 2	1.58	0.017 1	1.30	0.023 1	1.55	0.028 6	1.55
	云南省	0.009 9	0.97	0.011 1	0.84	0.013 3	0.89	0.016 8	0.91
	陕西省	0.016 8	1.64	0.025 9	1.96	0.029 4	1.97	0.038 9	2.11
	甘肃省	0.021 5	2.10	0.025 5	1.93	0.029 4	1.98	0.040 2	2.18
	青海省	0.017 7	1.72	0.017 3	1.32	0.019 8	1.33	0.030 4	1.65
	宁夏回族自治区	0.013 2	1.28	0.018 6	1.41	0.021 3	1.43	0.023 6	1.28
	新疆维吾尔自治区	0.002 0	0.19	0.002 3	0.17	0.002 8	0.19	0.003 5	0.19

从以上数据的综合表现可以得出，创新人员流动呈现三大趋势：一是创新型人才越来越倾向于向经济发达地区和重点经济区流动。京津冀和江浙沪地区作为创新人员流动的核心枢纽，其创新人员流动量总规模占比接近 50%。二是不同区域间创新人才流动规模的差距有所减小，创新人员流动规模位于前十名的省份，总流动规模占比从 2004 年 66.28%下降至 2020 年的 65.5%，说明近年来由于政策和经济的发展，经济发达区域以外的一些地区对于创新人员流动变得更具吸引力。三是一些潜在的创新人员流动的集聚中心正在逐渐涌现，北京作为首都，具有极高的创新资源集聚能力，其创新人员流动量始终保持在较高水平，但占比在逐渐下降，近年来川渝地区在创新人才建设方面推

出一系列政策，同时作为西部地区的经济中心，吸引了大量创新人才流入，逐渐成为西部地区创新人员流动的集聚地。

（3）创新资本流动量占比分析

表 8－4 具体描述了各地创新资本流动量及占比，从总体来看，创新资本流动与创新人员流动在空间布局上具有一定的相似性，东部地区在创新资本流动方面始终占据主导地位，尽管其比值在近年来略有下降，但仍然保持较高的水平，其创新资本流动规模在全国占比始终高于 50％，其中北京市、上海市、江苏省、浙江省等地作为东部地区经济发展的代表，持续吸引着大量的创新资本流入，这与其发达的经济水平、完善的产业体系和良好的创新环境密切相关。中部地区的创新资本流动量在近年来呈现出稳步上升的趋势，占比也有所增加，从 2014 年的占比 21.89％上升至 2020 年的 28.19％，山西省、安徽省、江西省等中部地区在创新方面加大投入，优化创新环境，逐渐吸引了更多的创新资本流入。西部地区虽然起步较晚，但在近年来加速追赶，创新资本流动量显著增加，2004—2020 年西部地区的创新资本流动规模一直呈现增长趋势，特别是 2014 年占比 14.51％上升至 2020 年占比 19.57％。四川省、重庆市、陕西省等地在西部地区的创新资本流动中占据重要地位，成为西部地区创新资本流动的主要集聚地。

综合分析 2004 年、2009 年、2014 年、2020 年的数据可以发现，创新资本流动规模呈现两大趋势：一是各地区间的差距正在逐渐减小，创新资本流动的特点表现为东部地区持续领跑、中部地区逐渐崛起、西部地区加速追赶的特点，即东部地区占比逐步降低，而中西部地区占比逐渐增高，这是由于中部地区崛起、西部大开发等战略，使得中西部地区在吸引创新资本方面得到提升。二是创新资本流动趋于多元化。随着创新环境的改善和创新政策的支持，创新资本的流动不再局限于传统的发达地区，而是呈现出多元化的趋势，一些新兴的创新中心（如中部和西部地区的部分地区）正逐渐成为创新资本流动的新热点，这些地区通过优化创新环境、加大投入、实施创新政策等措施，不断提升自身的创新能力和对创新资本的吸引力。

表 8-4　各省份创新资本流动量及其所占比值

地区		2004 年		2009 年		2014 年		2020 年	
		流动量	比值/%	流动量	比值/%	流动量	比值/%	流动量	比值/%
东部地区	总计	2.570 9	60.98	1.773 8	53.48	2.062 9	63.60	1.804 5	52.25
	北京市	0.606 1	14.38	0.268 9	8.11	0.326 0	10.05	0.103 1	2.99
	天津市	0.427 7	10.14	0.217 5	6.56	0.294 1	9.07	0.237 1	6.86
	河北省	0.143 6	3.41	0.135 2	4.08	0.092 2	2.84	0.216 3	6.26
	上海市	0.341 7	8.11	0.221 6	6.68	0.270 6	8.34	0.114 8	3.33
	江苏省	0.241 0	5.72	0.367 2	11.07	0.310 9	9.59	0.261 8	7.58
	浙江省	0.343 8	8.16	0.206 4	6.22	0.315 7	9.73	0.209 6	6.07
	福建省	0.055 5	1.32	0.033 8	1.02	0.031 9	0.98	0.071 8	2.08
	山东省	0.140 4	3.33	0.158 8	4.79	0.085 3	2.63	0.154 0	4.46
	广东省	0.103 2	2.45	0.065 6	1.98	0.080 7	2.49	0.123 3	3.57
	海南省	0.038 8	0.92	0.012 5	0.38	0.013 7	0.42	0.021 1	0.61
	黑龙江省	0.023 2	0.55	0.013 2	0.40	0.098 5	3.04	0.068 7	1.99
	吉林省	0.052 2	1.24	0.029 1	0.88	0.103 8	3.20	0.093 9	2.72
	辽宁省	0.053 4	1.27	0.044 0	1.33	0.039 6	1.22	0.128 9	3.73
中部地区	总计	1.124 0	26.66	1.004 2	30.28	0.709 9	21.89	0.9735	28.19
	山西省	0.144 7	3.43	0.136 0	4.10	0.059 7	1.84	0.133 7	3.87
	安徽省	0.347 5	8.24	0.225 3	6.79	0.178 2	5.50	0.257 9	7.47
	江西省	0.187 2	4.44	0.162 5	4.90	0.099 6	3.07	0.247 1	7.15
	河南省	0.107 0	2.54	0.093 8	2.83	0.090 2	2.78	0.092 2	2.67
	湖北省	0.243 2	5.77	0.247 0	7.45	0.143 1	4.41	0.099 9	2.89
	湖南省	0.094 3	2.24	0.139 6	4.21	0.139 1	4.29	0.142 6	4.13

续表

地区		2004 年		2009 年		2014 年		2020 年	
		流动量	比值/%	流动量	比值/%	流动量	比值/%	流动量	比值/%
西部地区	总计	0.521 3	12.36	0.5386	16.24	0.470 7	14.51	0.675 7	19.57
	内蒙古自治区	0.092 8	2.20	0.0285	0.86	0.055 7	1.72	0.043 7	1.27
	广西壮族自治区	0.089 4	2.12	0.041 4	1.25	0.045 2	1.39	0.038 3	1.11
	重庆市	0.050 8	1.20	0.086 3	2.60	0.063 8	1.97	0.099 4	2.88
	四川省	0.061 8	1.46	0.098 1	2.96	0.071 6	2.21	0.095 0	2.75
	贵州省	0.046 8	1.11	0.056 0	1.69	0.048 4	1.49	0.078 6	2.28
	云南省	0.018 0	0.43	0.037 3	1.12	0.025 3	0.78	0.052 3	1.51
	陕西省	0.068 9	1.63	0.075 8	2.29	0.043 1	1.33	0.076 4	2.21
	甘肃省	0.045 6	1.08	0.050 4	1.52	0.046 6	1.44	0.078 6	2.28
	青海省	0.017 7	0.42	0.015 7	0.47	0.038 9	1.20	0.055 4	1.60
	宁夏回族自治区	0.026 7	0.63	0.046 0	1.39	0.026 2	0.81	0.048 1	1.39
	新疆维吾尔自治区	0.003 1	0.07	0.003 2	0.10	0.006 0	0.18	0.009 9	0.29

8.3　区域经济协调水平测算方法选择及指标构建

8.3.1　区域经济协调发展水平测算方法选择

目前关于区域经济协调发展水平的测算还处于探索阶段，并没有形成统一的标准，应用较多的测算方法主要分为两种：一种是采用某个单一的指标衡量经济的发展程度如采用劳动生产率[65]、经济发展效率[66]、全要素生产率[3]、居民收入支出比例等作为衡量经济协调发展的指标。虽然其研究成果和选取依据可为我们提供一定的参考价值，但不可否认其无法更科学地体现新时代协调发展的全面性、动态性、稳定性和异质性等特点。单一的指标难以科学地评判经济发展程度[67]。另一种是复合指标。复合指标是一种有效的工具，可以将多维信息整合在一起，从而简化决策过程。它能够为决策者提供全面的数据支持，使其更加准确地评估经济发展的趋势和现状，所以构建经济协调发展指标体系成为近年来被学术界广泛接受和认可的衡量方法。根据 Mlachila 等的研究，IMF（国际货币基金组织）建立了一个指标体系，从经济基本面和社会发展两个角度来评估发展中国家的经济增长质量。该指标体系的建立旨在提供一个全面的评估框架，帮助决策者更加准确地评估发展中国家的经济发展水平。师博和任保平在此基础上测算了中国省际以及三大地区的经济协调发展程度，并得出区域经济协调发展总体呈上升趋势，但还存在着区域经济发展不平衡的现象[180]。

国内许多学者相继从中国国情和经济发展特征出发，试图创建更全面、更科学的指标体系衡量协调发展。李金昌等从“人民日益增长的美好生活需要”与“不平衡不充分的发展”之间的矛盾出发，构建了评估区域经济社会的和谐发展的体系，该指标体系包括经济活力、创新效率、绿色发展、人民生活和社会和谐五个要素[181]。徐辉等在研究中通过考虑经济社会发展、生态安全两个方面，构建了一个综合评价黄河流域协调发展的指标体系。这个指标体系包含了经济、创新、民生、环境和生态 5 个维度[182]。杨耀武和张平通过理论模型分析，得出经济协调发展状况可以从与经济发展相关的社会状况，比如经济成果、人力资源、经济效率、自然环境等方面来考察[183]。

8.3.2 区域经济协调发展水平指标构建

这里借鉴华坚和胡金昕[184]、杨沫等[185]学者的做法，基于创新、协调、绿色、开放、共享的五大发展理念，基于数据可获得程度和数据的准确性，选取5个二级指标和15个三级指标构建经济协调发展水平测度的框架体系，具体指标体系构建如表8-5所示。

表8-5 区域经济协调发展测度指标体系

一级指标	二级指标	三级指标	指标指向
创新发展	区域创新度	区域创新指数总量指数得分	正向
	人均创新度	人均创新指数总量指数得分	正向
	创新聚集度	地区平均创新总量指数得分	正向
协调发展	区域差距	各省份人均GDP/全国人均GDP	正向
	城乡结构	城镇居民人均收入/农村居民人均收入	负向
	产业结构	第三产业GDP/GDP总额	正向
绿色发展	环境污染	二氧化硫排放量	负向
	绿色治理	生活垃圾无害化处理率	正向
	绿化建设	森林覆盖率	正向
开放发展	对外开放度	进出口总额/地区GDP	正向
	投资开放度	实际利用外商投资/地区GDP	正向
	旅游开放度	接待国际游客数量	正向
共享发展	养老保障	城镇职工参加养老保险人数	正向
	民生保障	地方财政教育支出、医疗卫生支出、住房保障支出、社会保障和就业支出占地方财政预算支出的比重	正向
	基础设施	每万人拥有的公共交通车辆	正向

其中，创新维度的3个三级指标来自北京大学企业大数据研究中

心的中国区域创新创业指数（IRIEC）。为了避免多项指标产生多重共线性，在计算区域经济协调发展指数时，我们参考杨丽和孙之淳的做法，采用修正改进的面板熵值法[186]。

8.4 区域经济发展水平测度及结果分析

（1）综合发展水平分析

根据面板熵值法计算，得到2004—2020年我国省级区域经济协调发展指数，如表8-6所示。

表8-6 2004—2020年我国省级区域经济协调发展指数

地区	2004	2006	2008	2010	2012	2014	2016	2018	2020
北京市	0.646	0.682	0.620	0.662	0.669	0.641	0.648	0.627	0.622
天津市	0.480	0.481	0.366	0.401	0.409	0.422	0.451	0.462	0.423
河北省	0.166	0.160	0.156	0.173	0.177	0.168	0.173	0.221	0.234
山西省	0.136	0.129	0.137	0.140	0.148	0.129	0.134	0.185	0.197
内蒙古自治区	0.141	0.125	0.127	0.126	0.126	0.106	0.145	0.123	0.129
辽宁省	0.354	0.300	0.241	0.283	0.281	0.256	0.276	0.346	0.316
吉林省	0.208	0.190	0.152	0.184	0.182	0.168	0.182	0.190	0.196
黑龙江省	0.176	0.180	0.171	0.198	0.193	0.183	0.163	0.192	0.199
上海市	0.633	0.581	0.448	0.522	0.523	0.496	0.519	0.529	0.513
江苏省	0.433	0.405	0.335	0.382	0.380	0.343	0.344	0.398	0.386
浙江省	0.334	0.323	0.294	0.336	0.342	0.321	0.317	0.374	0.359
安徽省	0.169	0.158	0.146	0.167	0.186	0.182	0.194	0.233	0.238
福建省	0.320	0.282	0.216	0.265	0.264	0.228	0.263	0.265	0.249
江西省	0.155	0.150	0.145	0.161	0.173	0.148	0.142	0.190	0.190
山东省	0.267	0.252	0.232	0.255	0.280	0.273	0.283	0.330	0.337
河南省	0.151	0.142	0.130	0.150	0.177	0.159	0.176	0.200	0.199
湖北省	0.204	0.205	0.186	0.200	0.208	0.217	0.240	0.240	0.249

续表

地区	2004	2006	2008	2010	2012	2014	2016	2018	2020
湖南省	0.187	0.184	0.166	0.175	0.182	0.176	0.186	0.248	0.258
广东省	0.671	0.583	0.491	0.545	0.558	0.555	0.523	0.651	0.604
广西壮族自治区	0.139	0.133	0.112	0.140	0.148	0.138	0.150	0.178	0.200
海南省	0.189	0.182	0.285	0.223	0.210	0.189	0.228	0.262	0.267
重庆市	0.191	0.171	0.159	0.168	0.210	0.218	0.198	0.226	0.220
四川省	0.158	0.157	0.140	0.171	0.205	0.197	0.200	0.251	0.284
贵州省	0.110	0.079	0.089	0.101	0.100	0.109	0.127	0.124	0.129
云南省	0.143	0.136	0.119	0.149	0.159	0.139	0.158	0.178	0.169
陕西省	0.206	0.173	0.148	0.194	0.235	0.247	0.259	0.262	0.247
甘肃省	0.127	0.130	0.113	0.136	0.137	0.124	0.140	0.151	0.171
青海省	0.150	0.159	0.134	0.169	0.115	0.099	0.124	0.131	0.117
宁夏回族自治区	0.134	0.117	0.095	0.103	0.090	0.108	0.098	0.146	0.160
新疆维吾尔自治区	0.164	0.164	0.140	0.148	0.129	0.123	0.132	0.137	0.129

由分析可知，我国经济协调发展水平总体呈现稳定上升的趋势。从区域分布来看，经济发展水平呈现“东高西低”“东北和中部居中”的形势。东部地区的经济发展水平明显领先于其他区域，尤其是北京市、天津市、辽宁省、山东省、江苏省、浙江省、广东省等东部沿海地区显著高于平均水平。自改革开放以来，中国率先制定了“东中西部三大带”的发展策略，通过区域聚集效应，使东部的发展速度显著高于中西部，从而为其经济协调发展奠定了基础。近年来，东部率先发展战略对周边地区产生了积极的带动作用，东部地区的经济发展带动了周边地区的发展，通过与周边地区之间的经济联系日益紧密，加强区域内的交流与合作，可以促进区域一体化，实现资源优化配置和产业协同发展。同时，通过东部地区的发展，可以推动“一带一路”建设的深入开展，促进区域经济协调发展。近年来，周边地区受东部

地区带动作用显著。我国提出了“西部大开发”策略和“中部地区崛起”规划，以促进区域经济的协调发展。中部地区总体经济发展协调稳定增长，但也存在山西省、江西省等部分省份的短板。除重庆市、陕西省、四川省外，大多数西部省份发展水平较低，发展潜力较大。

(2) 分省市的发展水平分析

表 8-7 为 2004—2020 年我国省级区域经济协调发展水平均值排名。从表 8-7 中可知，排名靠前的省份是北京市、广东省和上海市，其测算结果分别为 0.643、0.571 和 0.520，北上广地区一直以来都被视为中国经济发展的引擎和领头羊，其区域经济协调发展水平较高也在意料之中，首先，北上广地区在科技创新和人才聚集方面具有明显优势，拥有全国顶尖的高等教育机构和科研机构，例如，北京市的中关村、上海市的张江高科技园区、广东省的珠三角地区等，吸引了大量高端人才和科技资源。另外，北上广地区作为中国的国际门户城市，具有较高的对外开放水平和国际化程度，吸引了大量外资和跨国公司，促进了市场的融合和互动，同时，政府在基础设施建设、产业扶持、税收政策等方面给予了较多支持，这些地区在城市规划和产业布局方面也较为成熟和优化，各类产业相对集中且互相配套，形成了完整的产业链条和价值链，提升了经济运行效率和产业竞争力。天津市的经济协调发展水平也比较高，虽然低于北上广地区，但稳居第四名，天津市作为中国的直辖市，政府在天津的发展中采取了一系列有力的政策措施，包括优惠税收政策、重点产业扶持等，促进了当地经济的快速增长和产业结构的优化，同时天津的产业结构相对多元化，涵盖了制造业、金融业、物流业等多个领域。近年来，天津市在航空航天、电子信息、生物医药等高新技术产业方面取得了较大进展，推动了经济的升级和转型。

表 8－7　2004—2020 年我国省级区域经济协调发展水平均值排名

排名	地区	区域经济协调发展水平均值	排名	地区	区域经济协调发展水平均值
1	北京市	0.643	16	安徽省	0.184
2	广东省	0.571	17	黑龙江省	0.182
3	上海市	0.520	18	河北省	0.178
4	天津市	0.425	19	吉林省	0.178
5	江苏省	0.372	20	河南省	0.164
6	浙江省	0.330	21	江西省	0.160
7	辽宁省	0.289	22	云南省	0.149
8	山东省	0.276	23	广西壮族自治区	0.147
9	福建省	0.258	24	山西省	0.146
10	海南省	0.226	25	新疆维吾尔自治区	0.139
11	陕西省	0.218	26	甘肃省	0.137
12	湖北省	0.214	27	青海省	0.131
13	四川省	0.195	28	内蒙古自治区	0.125
14	湖南省	0.193	29	宁夏回族自治区	0.113
15	重庆市	0.191	30	贵州省	0.105

青海省、内蒙古自治区、宁夏回族自治区和贵州省等地区的区域经济协调发展水平远远低于平均值，分别为 0.131、0.125、0.113 和 0.105，首先，这些地区的经济发展通常受资源禀赋和产业结构的限制，例如，青海省拥有丰富的自然资源，但大部分资源是非可再生资源，开发利用面临技术和环境保护等挑战；内蒙古自治区虽然资源丰富，但主要集中在传统的能源和原材料领域，产业结构单一，对经济发展的依赖性较强；贵州省地区地形复杂，交通和基础设施建设相对

滞后，增加了生产成本和运输成本，限制了要素流动和经济协调发展；同时，这些地区人才流失现象严重，人才资源匮乏，限制了这些地区的科技创新和产业升级。总而言之，不同省份之间的经济协调发展水平存在差异，但均需要在创新驱动、政策支持、产业升级、环境保护等方面加大力度，以实现经济可持续发展和协调发展。

（3）分地区的发展水平分析

图 8－1 报告了 2004—2020 年我国三个区域，即东部、中部、西部地区的区域经济协调发展水平均值，以此可对我国区域的经济协调发展水平进行空间异质性和时间序列分析。

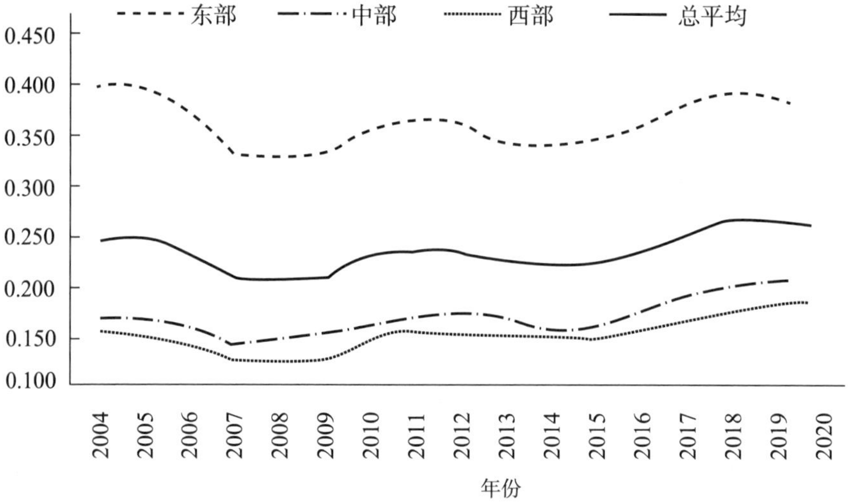

图 8－1　2004—2020 年分地区区域经济协调发展水平均值

从空间分布来看，我国各地区由于地理位置和资源禀赋存在差异，所以经济协调发展水平各不相同，整体呈现东部地区的经济协调发展水平大于中部，中部地区大于西部地区的分布格局，且东部地区的经济协调水平远大于总平均值，中西部地区的经济发展水平低于总平均值。东部地区拥有较为成熟的工业基础和服务业基础，经济总量大，经济结构较为先进，东部的沿海城市是中国改革开放的前沿，吸引了大量外资，与国际市场联系紧密，并且东部地区设立自贸区和经济特区，促进了其经济的协调发展。中西部地区的产业多以资源型和劳动密集型为主，缺乏高附加值和技术密集型产业，这种产业结构不利于经济的持续健康发展。并且由于教育和职业发展机会相对较少，中西部地区面临严重的人才流失问题，优秀人才向东部发达地区流动，减少了当地的创新能力和经济发展潜力。部分中西部地区如青海省、甘肃省等地，由于生态环境脆弱，对经济活动的限制较多，影响了经济的发展。通过解决这些问题，加强基础设施建设，优化产业结构，增加资金和政策投入，以及保护和利用好环境资源，中西部地区的经济协调发展水平有望得到提升。

从时间趋势分析，2004—2020 年三大地区的经济协调发展水平都有所提高，2004—2007 年这一阶段经济协调发展水平呈现下降趋势，可能与当时全球经济环境的不稳定以及国内宏观调控政策有关，如互联网泡沫的破裂和其他国际市场的波动，这些因素对中国出口导向型的经济模式产生了直接影响，为了应对经济过热和防止资产泡沫，中国政府在这一时期实施了一系列宏观调控政策，包括提高银行的存款准备金率，限制信贷增长，以及实施房地产市场调控政策等。这些政策虽然在一定程度上抑制了经济过热和防止了泡沫经济，但同时也对投资和消费产生了抑制作用，影响了经济增长的动力，从而影响了区域经济的协调发展。

2007—2018 年呈现先平稳后增长趋势，首先 2008 年全球金融危机期间实施的一系列刺激经济政策，稳住了经济的基本面，而后中国经济结构调整产生成效，尤其是服务业和高技术产业的快速发展，不仅提高了经济的多元化程度，增强了经济的稳定性和内需驱动力，还带动了相关产业链的升级，提高了产业的整体技术水平和国际竞争力。通过增加居民收入和改善社会福利政策，扩大内需，促进了消费的持续增长，推动我国经济从投资和出口驱动向消费驱动转变。

2018—2020年恢复平稳趋势，这可能与中美贸易摩擦和国内经济从高速增长向高质量发展转型有关。

8.5 本章小结

本章首先选取创新人员流动量和创新资本流动量作为关键指标，量化评估区域间创新要素的流动情况，采用引力模型来计算这些创新要素的流动量，以确保度量的准确性和科学性。接着，基于创新、协调、绿色、开放、共享的五大发展理念，构建了区域经济协调发展评价指标体系，采用了熵值法来测度区域协调发展指数。在评价过程中，还从时间和空间两个维度对区域间创新要素流动以及区域经济协调发展情况进行了深入分析。经过分析得到如下结论：

1）我国区域间的创新要素流动程度存在明显的差异和集聚特点，东部沿海地区特别是长三角地区和京津冀地区成为创新人才和创新资本的“聚集地”，而西部地区缺乏比较优势，导致创新要素活跃性较低，成为“匮乏地”。创新人员流动呈现三大趋势：创新型人才越来越倾向于向经济发达地区和重点经济区流动；不同区域间创新人才流动规模的差距有所减小；一些潜在的创新人员流动的集聚中心正在逐渐涌现。资金流动方面，各地区间的差距正在逐渐减小，创新资本流动的特点表现为东部地区持续领跑、中部地区逐渐崛起、西部地区加速追赶的特点。

2）从我国区域经济协调发展的空间分布特点来看，我国各地区由于地理位置和资源禀赋存在差异，所以经济协调发展水平各不相同，整体呈现东部地区经济协调发展水平大于中部，中部地区大于西部地区的分布格局，且东部地区的经济协调水平远大于总平均值，中西部地区的经济发展水平低于总平均值。从时间趋势特点来看，2004—2020 年三大地区的经济协调发展水平都有所提高。

第9章　区域间创新要素流动对区域经济协调发展影响的实证分析

本章遵循基准回归模型到空间计量模型的研究思路，构建了空间杜宾模型，从全样本和区域异质性两个角度来探讨创新要素流动对于区域经济协调发展的影响。同时，还分解了空间效应，以便对直接效应和间接效应进行研究。最后，基于不同的空间矩阵进行检验，以验证实证结果的稳健性。

9.1　基于基准回归模型的实证检验

空间计量模型源于基准回归模型（即面板数据模型），后者通常假设变量之间相互独立，而前者则充分考虑了变量之间的空间依赖性。这里遵循从基准回归模型到空间计量模型的研究思路。

9.1.1　基准回归模型设定

从本书的研究目的和理论基础出发，使用我国30个省市，时间为2001—2020年的面板数据进行计量实证分析，计量模型为

$$\ln Y_{it} = \alpha_0 + \alpha_1 \ln X_{it} + \alpha_2 \ln C_{it} + \mu_{it} \qquad (9-1)$$

式中　Y——被解释变量，即经济协调发展水平；

X——自变量，即创新人员流动量与创新资本流动量；

C——控制变量，主要涉及：基础设施（rai）：用各省份人均铁路营业里程（公里）来表示；政府规模（gov）：用财政支出与 GDP 之比来表表示；对外开放度（ope）：用进出口总额与 GDP 之比来表示；受教育程度（edu）：用各省份人口的平均受教育年限来表示。

这里主要使用 2001—2020 年 30 个省份的面板数据，原始数据包括各省份历年的多个变量，如生产总值、进出口总额、人口自然增长率、铁路营业里程数、财政支出、受教育程度构成和 R&D 经费内部支出。为减少模型的异方差，并方便计算，我们对除 flp、cfl 原值外的所有控制变量进行了对数处理（flp 和 cfl 分别表征 R&D 人员和 R&D 资本的流动规模，我们取它们的绝对值，而不区分流入和流出）。

9.1.2　数据来源

本研究的对象为我国 30 个省（自治区、直辖市）（不含西藏、港澳台）。主要运用两类数据，即省级层面的研发资本和研发人员数据，来测算得到创新要素流动规模；以及省级层面的经济活动数据，包括一系列控制变量。这些研发资本和研发人员数据来自《中国科技统计年鉴》2001—2021 年的详细记录，涵盖了各省市的 R&D 活动相关数据，包括研究与试验发展（R&D）人员、R&D 经费内部支出等变量，为计算地区创新要素流动指标提供了强有力的微观数据支持。原始数据来自历年的《中国科技统计年鉴》《中国统计年鉴》和各省（自治区、直辖市）的统计年鉴以及 wind 数据库。

9.1.3 实证检验结果

通常，Hausman检验可用于确定是否应使用固定效应模型或随机效应模型。本研究选取了我国30个省（自治区、直辖市）的样本数据，这些样本并非随机选择的，同时使用了2001—2020年的面板数据，适用于固定效应模型。经过Hausman检验，检验结果如表9－1所示，最终选择了时间地区双向固定效应面板数据模型进行实证分析。

表9－1 Hausman检验

Hausman检验	Prob＞chi2	chi2(7)
数值	0.000 0	58.72

双固定效应面板数据模型回归结果如表9－2所示。

表9－2 双固定效应面板数据模型回归结果

变量	模型Ⅰ lh	模型Ⅱ lh	模型Ⅲ lh	模型Ⅳ lh
ledu	0.161*** (4.42)	0.098** (2.62)	0.162*** (4.44)	0.098** (2.61)
lgov	0.160*** (3.82)	－0.169*** (－4.46)	－0.160*** (－3.83)	－0.170*** (－4.49)
lopen	0.094*** (4.45)	0.132*** (4.07)	0.093*** (4.38)	0.131*** (4.06)
lrail	0.057** (2.39)	0.065*** (2.80)	0.057** (2.39)	0.065*** (2.78)
lflp		0.703*** (3.24)		0.721*** (3.28)
lcfl			0.217 (0.45)	0.629 (1.04)
_cons	－0.185** (－2.42)	－0.086 (－1.15)	－0.186** (－2.44)	－0.086 (－1.16)

续表

变量	模型Ⅰ lh	模型Ⅱ lh	模型Ⅲ lh	模型Ⅳ lh
N	510	510	510	510
R^2	0.607	0.712	0.610	0.712

注：① *** 、** 、* 分别表示 1%、5%、10%的显著性水平；②括号内为 t-统计量。

以式（9－1）为基准，在式（9－1）的基础上删除创新要素流动变量得到模型Ⅰ，再在模型Ⅰ的基础上分别引入 R&D 资本流动规模变量和 R&D 人员流动规模变量，得到模型Ⅱ、模型Ⅲ，在模型中同时引入了 R&D 资本流动规模和 R&D 人员流动规模变量，得到模型Ⅳ。如表 9－2 所示，在面板数据模型中，创新人员流动对于区域经济协调水平具有显著的促进作用，创新资本对于区域经济协调水平具有正向作用，但是结果并不显著。模型Ⅰ中基础设施、受教育程度、政府规模、对外开放度对于经济协调发展都具有显著的正向作用，在模型Ⅱ～模型Ⅳ中，基础设施、受教育程度和对外开放度对于我国的区域经济协调发展都具有正向的促进作用，但是政府规模却表现出了显著的抑制作用，这可能是由于一些地区的政府没有很好地引导创新要素的流动秩序，市场出现了混乱的现象，反而对于经济发展产生了不利的影响。

9.2　空间自相关检验

为了深入研究区域经济发展水平在不同地区之间的相关性，以及创新要素流动对区域经济协调发展的空间溢出效应，下面将采用空间计量模型进行分析。在使用空间计量模型之前，一个重要的前提是确保被解释变量具有空间相关性。因此，首先需要对区域经济协调发展程度和创新要素流动情况进行空间相关性测试。通过测量创新要素流动的局部莫兰指数和全局莫兰指数，可以得到创新要素流动的聚集区域及其空间相关性。

9.2.1 区域经济协调发展水平的相关性分析

首先，通过全局莫兰指数测度我国省际经济发展水平在空间上的相关性和集聚程度，如表 9-3 所示。

表 9-3 2004—2020 年区域经济协调发展水平的全局莫兰指数表

年份	2004	2005	2006	2007	2008	2009
Moran's I	0.229	0.249	0.273	0.257	0.258	0.250
P 值	0.004	0.002	0.001	0.001	0.001	0.002
年份	2010	2011	2012	2013	2014	2015
Moran's I	0.251	0.245	0.253	0.241	0.260	0.271
P 值	0.002	0.002	0.002	0.002	0.001	0.001
年份	2016	2017	2018	2019	2020	
Moran's I	0.290	0.254	0.252	0.236	0.242	
P 值	0.000	0.002	0.002	0.003	0.003	

2004—2020 年省际经济发展水平的莫兰指数均在 1%的显著水平下通过检验，且取值均为 0～1 之间，这表示我国省际经济发展水平存在显著的正相关关系，即相邻省份的经济发展水平会对本省份产生正向的影响，相邻地区的经济要素会产生空间溢出效应，即它们会在地区之间流动，并对周边地区产生影响。因此，相邻地区的经济发展状况也会对一个地区的经济协调发展水平产生重要影响。

接下来通过计算局部莫兰指数，观察经济水平集聚的区域，选取

2005 年、2010 年、2015 年、2020 年分别计算局部莫兰指数，并绘制莫兰散点图（图 9－1）。

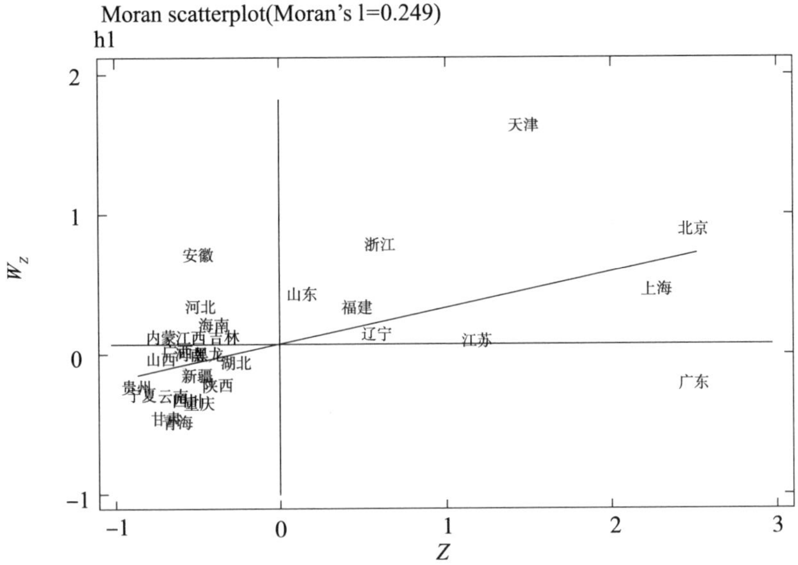

(a) 2005年

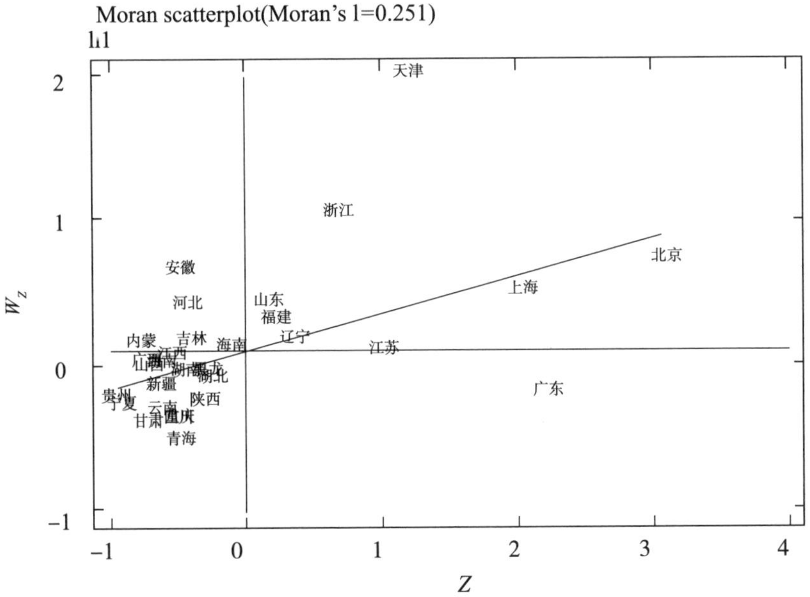

(b) 2010年

图 9－1　经济协调发展的局部莫兰散点图

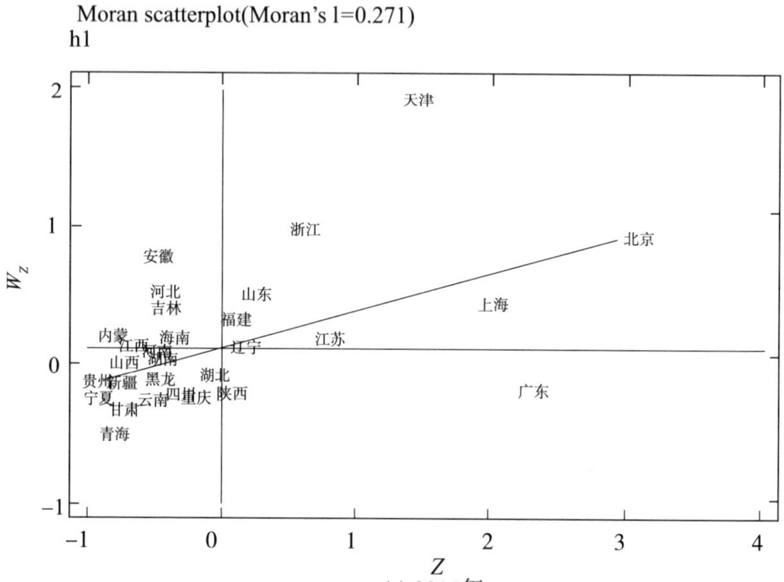

(c) 2015年

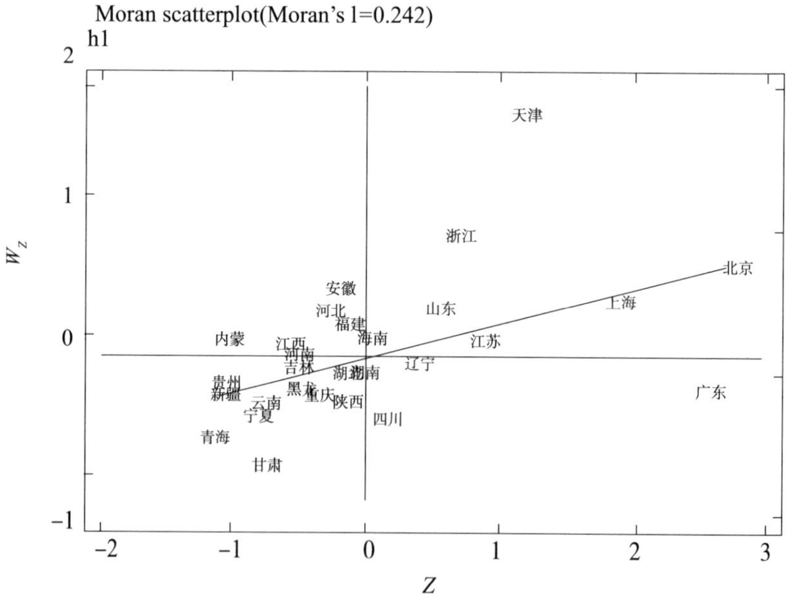

(d) 2020年

图 9－1 经济协调发展的局部莫兰散点图（续）

由图 9-1 可知，北京市、上海市、天津市、浙江省、山东省、江苏省等东部地区都在第一象限，可以称之为“高-高”的类型，这说明此类地区的经济协调发展水平对相邻地区的积极影响作用较大，属于经济发展的聚集中心。安徽省、河北省、内蒙古自治区、江西省、海南省等地区都处于第二象限，可以称作“低-高”类型，自身经济发展水平较低，但是周围相邻地区发展水平较高。贵州省、新疆维吾尔自治区、青海省、宁夏回族自治区、云南省、甘肃省、黑龙江省、陕西省、重庆市等地区处于第三象限，属于“低-低”类型，即自身经济发展水平和周围地区经济发展水平都较低，形成了低水平的集聚中心，这些地区大多数位于西部、东北部和中部。此外，广东省一直处于第四象限，即虽然自身经济协调发展水平较高，但相邻地区的经济协调发展水平较低。四川省由第三象限逐步移动到第四象限，说明其自身经济协调发展水平正在脱离低水平集聚地区而逐步提高。

9.2.2　创新要素流动的相关性分析

同样的，通过全局莫兰指数测度我国省际创新要素流动规模在空间上的相关性和集聚程度，如表 9-4 和表 9-5 所示。由此可知，2004—2020 年省际创新资本和创新人员流动的莫兰指数都通过了 1%的显著性检验，且取值均为 0～1 之间，这表示我国省际创新要素流动存在显著的正相关关系，相邻地区的创新要素会流动到本地区，这种流动会对本地区的创新产生积极的影响。同时，一个地区的创新要素流动也会受到周边地区创新要素流动的影响。这是因为创新要素的流动会产生空间溢出效应，即它们会在地区之间流动，对周边地区产生影响。因此，周边地区的创新要素流动规模也会对本地区的创新要素流动规模产生影响。这个过程是相互作用的，周边地区和本地区的创新要素流动会相互影响，从而形成一个创新要素的流动网络。

表 9-4　2004—2020 年创新资本流动的全局莫兰指数表

年份	2004	2005	2006	2007	2008	2009
Moran's I	0.512	0.538	0.473	0.521	0.457	0.467
P 值	0.000	0.000	0.000	0.000	0.000	0.000
年份	2010	2011	2012	2013	2014	2015
Moran's I	0.375	0.368	0.494	0.443	0.569	0.463
P 值	0.000	0.000	0.000	0.000	0.000	0.001
年份	2016	2017	2018	2019	2020	
Moran's I	0.416	0.225	0.280	0.330	0.281	
P 值	0.000	0.003	0.002	0.000	0.001	

表 9-5　2004—2020 年创新人员流动的全局莫兰指数表

年份	2004	2005	2006	2007	2008	2009
Moran's I	0.557	0.566	0.565	0.567	0.556	0.568
P 值	0.000	0.000	0.000	0.000	0.000	0.000
年份	2010	2011	2012	2013	2014	2015
Moran's I	0.574	0.578	0.577	0.577	0.585	0.584
P 值	0.000	0.000	0.000	0.000	0.000	0.000
年份	2016	2017	2018	2019	2020	
Moran's I	0.584	0.580	0.573	0.567	0.564	
P 值	0.000	0.000	0.000	0.000	0.000	

进一步测量局部莫兰指数测度我国创新要素流动的聚集区域，并绘制莫兰散点图，如图 9-2 所示。

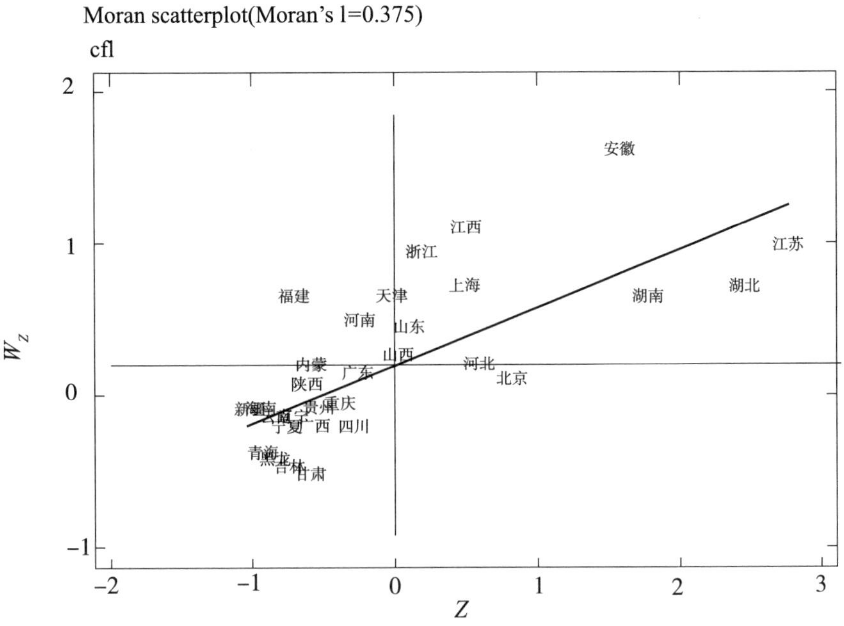

(a) 2010年创新资本流动的局部莫兰散点图

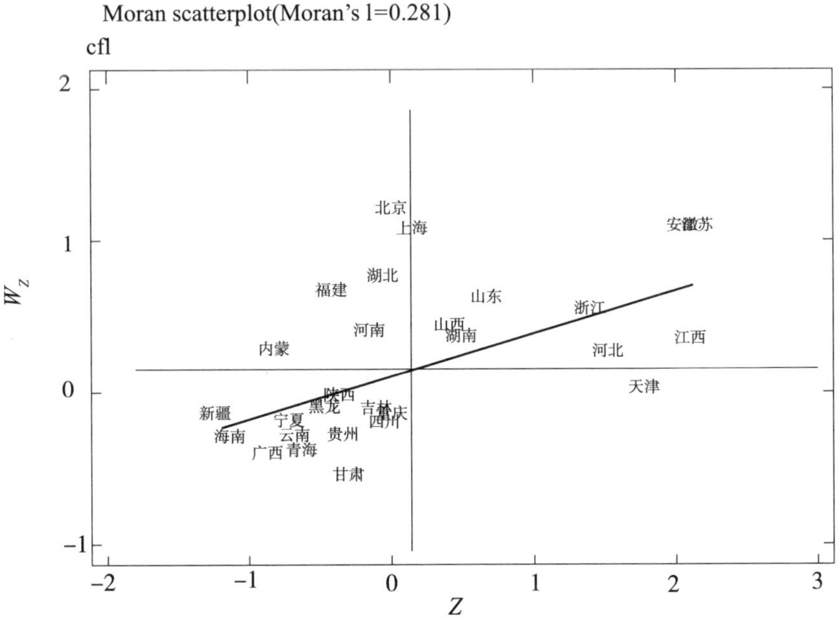

(b) 2020年创新资本流动的局部莫兰散点图

图 9－2　创新要素流动的局部莫兰散点图

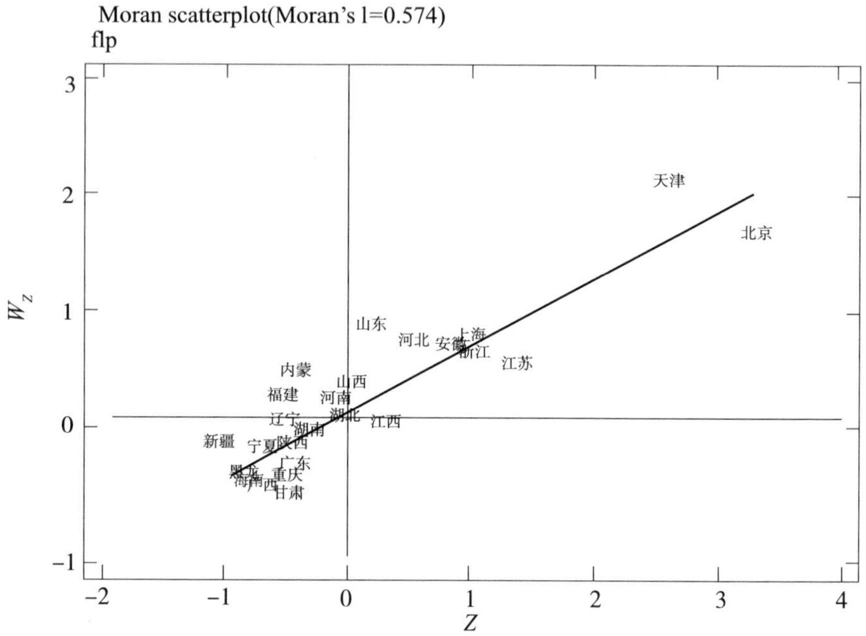

(c) 2010年创新人员流动的局部莫兰散点图

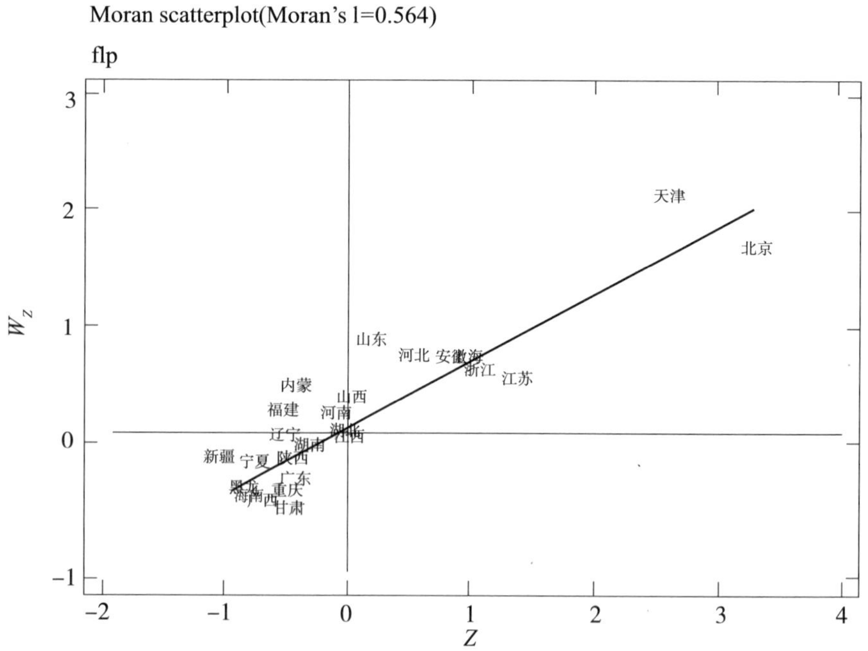

(d) 2020年创新人员流动的局部莫兰散点图

图 9－2　创新要素流动的局部莫兰散点图（续）

我国地区的经济协调发展之间具有显著的正向溢出效应和空间集聚效应，因此地方政府在制定政策提高自身经济协调发展水平时，不仅要关注自身的发展现状和潜力，也要注重加强与其他地区的合作和交流，积极搭建共享平台，从而推动区域经济协调发展。

9.3　空间模型构建

9.3.1　空间模型选择

在 9.2 节中进行了全局自相关检验和局部自相关检验，可知我国区域经济协调发展水平和创新要素流动存在显著的空间相关性，可以在计量模型加入空间因素。

下面通过 LM 检验和 Huausman 检验，LR 检验和 Wald 检验来选择适合的空间计量模型。

(1) LM 检验和 Huausman 检验

根据 Answlin（1955）提出的选择标准，进行了 LM 检验、Huausman 检验，结果如表 9 - 6 所示。

表 9 - 6　LM 检验和 Huausman 检验

检验方法	检验指标	统计值	*P* 值
LM 检验	LM - Error	23.151	0.000
	Robust LM - Error	55.059	0.000
	LM - Lag	23.875	0.000
	Robust LM - Lag	55.783	0.000
Huausman 检验	Huausman Test	25.01	0.023

若 LM - Error 显著，则表示不能拒绝空间误差模型（SEM），若 LM - Lag 显著，则表示不能拒绝空间滞后模型（SAR）。结果显示 LM

检验均通过1%水平下的显著性检验，创新要素流动的两种空间效应对经济协调发展产生的影响均无法忽略，因此初步选择空间杜宾模型（SDM）进行计量分析。进一步进行Huausman检验，结果在5%的水平下拒绝原假设，所以选择固定效应模型。

（2）LR检验和Wald检验

为更好地验证SDM模型的适应性，可以使用LR和Wald两种方法来验证SDM模型能否转化为SEM和SAR模型，检验结果如表9-7所示。

表9-7 LR检验和Wald检验

检验方法	检验指标	统计值	P值
LR检验	SAR nested in SDM	123.12	0.000
	SEM nested in SDM	668.31	0.000
Wald检验	Test for SAR	29.68	0.000
	Test for SEM	31.65	0.000

可以得出LR空间滞后检验、Wald空间滞后检验、LR空间误差检验和Wald空间误差检验，其检验的结果均在1%的水平下强烈拒绝原假设，这说明，使用空间杜宾模型（SDM）进行空间分析时，不能将其简化为空间滞后模型（SAR）或空间误差模型（SEM）。这是因为SDM模型考虑了空间滞后和空间误差的影响，而SAR和SEM模型只考虑了其中的一种，所以它们不能完全代替SDM模型。这些检验的结果表明，SDM模型提供了更准确和全面的空间分析方法，可以更好地反映出空间相关性对数据产生的影响。

基于上文中莫兰指数检验及空间自相关分析，我国区域经济协调发展和创新要素流动存在着显著的空间相关性，可以在实证分析中引入空间因素。根据前面对于模型设定的检验可知，选择双固定效应的SDM模型进行实证分析最为适合。

构建模型如下：

$$\ln h_{it} = \beta_0 + \delta \boldsymbol{W} \ln h_{it} + \beta_1 \ln \mathrm{flp}_{it} + \beta_2 \ln C_{it} + \theta_1 \boldsymbol{W} \ln \mathrm{flp}_{it} + \theta_2 \boldsymbol{W} \ln C_{it} + \varepsilon_{it} \tag{9-2}$$

$$\ln h_{it} = \alpha_0 + \gamma \boldsymbol{W} \ln h_{it} + \alpha_1 \ln \mathrm{cfl}_{it} + \alpha_2 \ln C_{it} + \mu_1 \boldsymbol{W} \ln \mathrm{cfl}_{it} + \mu_2 \boldsymbol{W} \ln C_{it} + \varepsilon_{it} \tag{9-3}$$

式中　h ——被解释变量，即经济协调发展水平；

flp 与 cfl——自变量，即创新人员流动量与创新资本流动量；

C ——控制变量；

$\boldsymbol{W}$ ——空间权重矩阵；

ε_{it} ——满足独立同分布。

9.3.2　变量选取和空间权重确定

1）被解释变量与解释变量分别为经济协调发展程度与创新要素流动量，其测量方式与结果均在上文中给出。

2）根据对现有文献的研究，控制变量选取如下：

基础设施（rai），用各省份人均铁路营业里程（公里）来表示；

政府规模（gov），用财政支出与 GDP 之比来表示；

对外开放度（ope），用进出口总额与 GDP 之比来表示；

受教育程度（edu），用各省份人口的平均受教育年限来表示。

在大数据和信息化的时代背景下，某一地区的经济活动可被所有地区关注和了解到，从而和所有地区都有可能产生关联，而不是仅限于相邻接的地区，所以 0－1 矩阵无法客观地反映区际间的关联程度。另外，即便是不相邻的地区，空间相关性也会存在不同，例如，北京地区和黑龙江地区与山东地区均不相邻，但是很明显北京地区与山东地区的空间相关性要大于黑龙江地区。所以选择距离权重矩阵（$\boldsymbol{W}_1$）

进行空间计量分析和相关性分析，并构建经济距离嵌套矩阵（W_2、W_3）进行稳健性检验。

9.4 空间模型回归结果

表 9-8 为式（9-2）和式（9-3）的回归结果，$sigma^2$ 较小，说明数据比较平稳，拟合优度分别为 0.889 和 0.864，所选 SDM 模型解释程度较高。

表 9-8 全样本空间杜宾模型回归结果

变量	解释变量:lflplh	Z 统计值	解释变量:lcfllh	Z 统计值
Main				
lflp	0.536 ***	(6.46)		
lcfl			5.017 ***	(3.25)
ledu	0.216 ***	(8.07)	0.277 ***	(10.13)
lgov	−0.111 ***	(−3.51)	−0.058 *	(−1.76)
lopen	0.331 ***	(34.58)	0.332 ***	(32.12)
lrail	0.024 ***	(3.28)	0.042 ***	(5.89)
Wx				
lflp	−0.325 **	(−2.19)		
lcfl			−4.636 *	(−1.82)
ledu	0.312 ***	(4.43)	0.390 ***	(5.39)
lgov	0.384 ***	(4.69)	0.491 ***	(5.67)
lopen	−0.112 ***	(−3.18)	−0.094 **	(−2.54)
lrail	0.097 ***	(4.77)	0.121 ***	(5.59)
Spatial rho	−0.275 ***	(−3.24)	−0.265 ***	(−3.18)
Variance sigma2_e	0.001 ***	(16.21)	0.001 ***	(15.45)

续表

变量	解释变量:lflplh	Z 统计值	解释变量:lcfllh	Z 统计值
N	510		510	
R^2	0.889		0.864	

注:①括号内为 Z 检验值;② *** 、** 、* 分别为在 1%、5%、10%的显著性水平下通过检验。

观察创新要素流动系数可以发现:

1）R&D 人员流动（flp）和 R&D 资本流动（cfl）的系数均为正且通过 1%水平下的显著性检验，说明创新要素流动对本地区经济协调发展水平具有明显的促进作用，并且从系数大小的角度分析，创新资本流动对于本地区经济协调发展的影响作用强于创新人员流动所带来的影响，可能的原因是目前我国就业市场还存在信息不对称、信息滞后等问题，使得创新人员在就业选择时无法及时获取与自身匹配度较高的相关职位，从而导致创新人员流动对于经济协调发展的促进作用存在一定程度的不充分性。

2）从空间滞后项的系数角度分析，创新要素即 flp 和 cfl 的空间滞后项的系数显示为负值，且分别在 5%和 10%的水平下通过显著性检验，这表明地理邻近地区的创新要素流动对于本地区的经济协调发展具有抑制作用，这种抑制作用一方面可能是由于地理邻近地区对本地区创新要素的虹吸作用，另一方面可能是由于创新要素本身具有稀缺性，当邻近地区创新要素流动性较强的时候，说明此地区的创新环境、经济发展等对创新要素有一定的吸引力，于是对本地区产生了挤出效应。至此，影响机制中假设 H6、H7 得到验证，区域间创新人员流动与区域间创新资本流动能够产生溢出效应，对区域经济协调发展产生影响。

9.5 空间效应分解

根据表 9-8 的回归结果可知，区域经济协调水平的空间滞后项系数显著不为 0，这表明空间杜宾模型的相关系数无法全面反映创新要素流动及其他变量对经济协调发展水平的直接效应与溢出效应。因此，我们进一步采用了偏微分方法，并利用 Stata17 软件对模型回归结果进行了空间效应分解，分解结果如表 9-9 所示。

表 9-9 空间效应分解表

变量	直接效应		间接效应		总效应	
lflp	0.606*** (6.00)		0.429*** (−2.89)		0.176** (2.26)	
lcfl		5.393*** (3.15)		−5.039** (−2.09)		0.355 (0.28)
ledu	0.207*** (7.64)	0.262*** (9.42)	0.211*** (3.79)	0.264*** (4.82)	0.419*** (7.75)	0.526*** (10.13)
lgov	0.125*** (−3.94)	−0.077** (−2.33)	0.347*** (4.93)	0.416*** (5.50)	0.222*** (3.42)	0.339*** (4.97)
lopen	0.341*** (32.74)	0.340*** (30.81)	0.169*** (−7.17)	0.151*** (−5.88)	0.172*** (8.24)	0.189*** (8.32)
lrail	0.020*** (−2.77)	0.038*** (−5.42)	0.076*** (−4.48)	0.090*** (−4.99)	0.096*** (−5.88)	−0.128*** (−7.41)

注：*** 和 ** 为在 1%和 5%的显著性水平下通过检验。

直接效应能够反映创新要素流动及其他因素对于本地区经济协调发展的影响程度，从检验结果来看，创新要素流动的直接效应均为正值，且在 1%的水平下通过显著性检验，这表明创新资本流动和创新人员流动可以显著促进本地区的经济协调发展。此外，研究结果表明创新资本流动对经济协调发展的促进作用大于创新人员流动。

间接效应可以反映创新要素流动产生的空间溢出效应对于空间邻近地区的影响程度，从检验的结果来看，两种创新要素的溢出效应均为负值，且分别在 1%和 5%的水平下通过检验，说明创新要素流动对于其他地区的经济协调发展产生了抑制作用。区域间要素流动的空间溢出效应并不一定对经济协调发展带来积极的促进作用。这是因为在部分地区，创新要素的流动存在无序性、配置效率不足等问题。地方政府尽管高调响应号召广泛引进人才，快速地跟进创新产业发展，吸引创新要素，甚至出现“抢人大战”等现象，从而缺乏科学有序的规划，与新发展理念的核心“协调”“共享”等背道而驰，导致创新要素的流动没有更加科学准确地发挥其空间溢出效应。

总效应反映创新要素流动与其他因素对于经济协调发展的总影响程度，创新人员流动与创新资本流动的总效应均为正值，这说明创新要素流动对于经济协调发展具有促进作用。创新资本流动的总效应虽为正值，但其显著性不够强，这也说明在吸引要素流动的同时更需注重创新资本配置的合理性和科学性。

就控制变量而言，基础设施水平、人力资本水平的直接效应和溢出效应均为正值，这说明基础设施水平和人力资本水平不仅可以促进本地区的经济协调发展，还可以对其他地区的经济协调发展产生积极的溢出效应。可以注意到，政府支持力度对于被解释变量的直接效应显示为负值，这可能是由于部分地区政府通过加强地区投资建设、带动产业发展等经济发展方式，促进了经济快速发展，但经济协调发展阶段不同于经济增速阶段，必须全面贯彻新发展理念，深化供给侧结构新改革，坚持质量第一、效益优先，切实转变发展方式，这就要求政府支持需根据发展阶段和发展环境等做出更科学的判断。间接效应显示为正值，一方面来源于省级之间政府的合作和协调关系，另一方面省级行政区之间也存在着竞争关系，提高本省经济协调发展水平和综合实力是在省际合作与竞争之间获取话语权的必要条件。对外开放的直接效应为正，间接效应为负，说明本地区对外开放程度提高可以促进本地区经济协调发展，但是对其他地区产生了负向的溢出效应，这也是一个政策提醒，国家要更注重地区间的区域合作和协调发展。总体来说，人力资本水平、政府支持力度、对外开放程度、基础设施水平均在不同程度上促进了经济协调发展，促进作用依次递减。

9.6 异质性分析

由前面分析可知，我国各区域间经济协调发展水平和创新要素流动量具有显著差异，下面基于全样本 SDM 模型进一步分区域进行回归分析，如表 9－10 和表 9－11 所示，模型Ⅰ～模型Ⅹ分别为我国东部、中部、西部以及南部、北部地区的创新要素流动对于区域经济协调发展的回归分析。模型Ⅰ～模型Ⅹ的拟合优度最高至 0.912，除模型Ⅲ外，拟合优度均高于 0.35，大多数模型解释程度较强，且 $sigma^2$ 均较小，说明模型数据比较稳定，且除南部地区的创新资本流动的空间滞后项外，其他核心解释变量和核心解释变量的滞后项均通过显著性检验。

表 9－10　基于东中西部区域异质性的空间杜宾模型回归分析

变量	东部		中部		西部	
	模型Ⅰ	模型Ⅱ	模型Ⅲ	模型Ⅳ	模型Ⅴ	模型Ⅵ
Main						
lflp	0.122 * (−1.87)		0.809 *** (−4.15)		1.385 *** (−6.89)	

续表

变量	东部		中部		西部	
	模型Ⅰ	模型Ⅱ	模型Ⅲ	模型Ⅳ	模型Ⅴ	模型Ⅵ
lcfl		2.400 ** (−2.4)		−2.937 ** (−2.14)		36.939 *** (−4.09)
ledu	0.491 *** (−10.13)	0.252 *** (−6.69)	0.128 *** (−3.01)	0.142 *** (−3.32)	0.053 (−1.29)	0.095 * (−1.69)
lgov	0.024 (−0.42)	0.203 *** (−3.42)	−0.100 * (−1.78)	−0.185 *** (−3.63)	−0.176 *** (−4.20)	−0.021 (−0.42)
lopen	0.275 *** (−16.98)	0.291 *** (−18.62)	0.179 *** (−5.19)	0.209 *** (−6.2)	0.274 *** (−8.01)	0.260 *** (−5.88)
lrail	0.084 *** (−5.82)	0.072 *** (−5.14)	0.005 (−0.21)	0.007 (−0.31)	0.023 *** (−3.32)	0.021 ** (−2.11)
Wx						
lflp	−1.223 *** (−4.65)		−0.641 * (−1.78)		7.852 *** (−8.91)	
lcfl		−4.382 *** (−3.28)		11.254 *** (−3.3)		240.950 *** (−3.86)
ledu	−0.206 (−0.91)	−0.229 *** (−3.42)	−0.125 ** (−2.37)	−0.134 ** (−2.52)	0.077 (−0.53)	0.756 ** (−2.18)
lgov	1.243 *** (−3.95)	1.389 *** (−11.76)	−0.037 (−0.47)	0.062 (−0.88)	0.482 *** (−3.52)	0.436 (−1.13)
lopen	0.018 (−0.22)	0.055 (−1.33)	−0.163 ** (−2.25)	−0.109 (−1.54)	0.632 *** (−6.76)	1.243 *** (−4.86)
lrail	0.100 * (−1.67)	0.044 (−1.35)	0.085 *** (−2.65)	0.084 *** (−2.67)	0.065 *** (−2.66)	0.022 (−0.27)
Spatial rho	−0.254 ** (−2.05)	−0.137 (−1.64)	0.682 *** (−12.5)	0.639 *** (−10.8)	−0.606 *** (−4.51)	−1.375 *** (−5.45)
sigma2_e	0.000 *** (−11.14)	0.000 *** (−11.38)	0.000 *** (−7.95)	0.000 *** (−8.00)	0.000 *** (−9.12)	0.000 *** (−8.48)

续表

变量	东部		中部		西部	
	模型Ⅰ	模型Ⅱ	模型Ⅲ	模型Ⅳ	模型Ⅴ	模型Ⅵ
N	187	187	136	136	187	187
R^2	0.904	0.894	0.251	0.346	0.463	0.349

注：***、**、*分别为在1%、5%、10%的显著性水平下通过检验。

观察核心解释变量的系数，除模型Ⅳ的创新资本流动系数为负值外，三大区域和南北部地区的创新要素流动系数均为正值，且R&D资本流动系数明显大于R&D人员流动的系数。这与全样本回归的结果基本吻合，说明对于各地区而言，创新要素的流动对于本地区经济产生了显著的促进作用，而这种促进作用在三大区域的西部地区最为明显，依次高于中部和东部地区，西部地区拥有丰富的自然资源和巨大的市场潜力，同时战略位置十分重要。然而，长期以来，西部地区难以实现突破性发展。这是由于在科技、人才等方面存在短板和弱项。因此，应该充分发挥西部地区的比较优势，吸引协调创新要素，坚持创新是引领发展的第一动力，坚持落实新发展理念，将对西部地区的经济协调发展产生重要影响。

表9-11　基于南北部区域异质性的空间杜宾模型回归分析

变量	南部		北部	
	模型Ⅶ	模型Ⅷ	模型Ⅸ	模型Ⅹ
Main				
lflp	0.823*** (2.77)		0.939*** (12.12)	
lcfl		5.343*** (3.13)		4.095*** (2.85)
ledu	0.037 (0.88)	0.077** (2.26)	0.339*** (10.11)	0.295*** (7.84)

续表

变量	南部		北部	
	模型Ⅶ	模型Ⅷ	模型Ⅸ	模型Ⅹ
lgov	0.186 ** (2.18)	−0.378 *** (−8.07)	−0.045 (−1.35)	−0.099 ** (−2.48)
lopen	0.128 *** (7.73)	0.258 *** (22.32)	0.274 *** (15.10)	0.347 *** (15.13)
lrail	0.056 * (1.91)	0.166 *** (9.35)	0.023 ** (2.48)	0.048 *** (6.23)
Wx				
lflp	−1.225 *** (−2.64)		−1.567 *** (−4.60)	
lcfl		−13.009 (−1.61)		−5.892 ** (−2.49)
ledu	−0.062 (−1.14)	−0.796 *** (−3.88)	0.554 *** (3.18)	−0.020 (−0.20)
lgov	−0.267 ** (−2.51)	−0.917 *** (−4.88)	−0.919 *** (−6.02)	0.711 *** (6.77)
lopen	−0.069 * (−1.76)	0.184 *** (4.01)	−0.051 (−0.57)	−0.065 (−1.21)
lrail	0.215 *** (5.13)	0.449 *** (5.80)	0.327 *** (7.37)	0.277 *** (10.13)
Spatial rho	0.644 *** (13.05)	−0.213 (−1.64)	−0.629 *** (−4.62)	−0.178 ** (−2.01)
Variance sigma2_e	0.000 *** (10.63)	0.000 *** (10.88)	0.001 *** (11.75)	0.001 *** (11.20)
N	238	238	272	272
R^2	0.620	0.704	0.912	0.886

注：***、**、* 分别为在 1%、5%、10%的显著性水平下通过检验。

值得注意的是，模型Ⅳ显示中部地区的创新资本流动对于其经济协调发展产生了抑制作用，虽然自2004年开始实施中部地区崛起战略以来，中部地区的经济和社会取得了显著的发展成就，也吸引了大量的人才落户及创新产业落地，但在此过程中地方政策支持上，可能存在着地方政府和企业背离本地比较优势和资源禀赋的特点，而是盲目地吸取创新要素，造成恶性竞争等负面影响。

通过观察创新要素流动的空间滞后项，发现西部地区的创新人员流动和创新资本流动的空间滞后项均通过了1%的显著性检验，显著为正值。这表明，其他省份的创新要素流向西部地区，对该地区的经济协调发展起到了积极的溢出作用，空间邻近地区的创新要素流动可以通过知识溢出、区域协调创新等方式促进要素配置优化，从而对本地区经济协调发展产生促进作用。

另外，近年来我国区域发展的重要问题之一是南北发展差距在逐渐增大，关注南北地区经济协调发展差距问题成为区域经济协调发展的重要命题。研究表明，创新人员流动在北方地区发挥着更大的促进作用，创新资本流动在南方地区的影响更大，南方地区创新环境和创新投入力度的加强，以及一系列引贤纳士的政策，促使创新要素，特别是创新人才由北向南聚集，成为促使南北方经济协调发展差距日益增大的一大因素。

9.7 稳健性检验

9.6节回归分析主要基于地理距离权重矩阵，随着交通便利程度提高和客运成本的降低，经济距离也成为区域间协作发展的不可或缺的因素，例如长三角、京津冀等经济圈，其经济密切程度不仅考虑了地理距离因素，还考虑其经济发展的距离因素，于是借鉴邵帅等[179]构

造了地理经济距离空间权重矩阵（$\boldsymbol{W}_2$），其元素 $w_{ij}=\frac{1}{d}\times\frac{p_i}{\sum p}$；嵌套权重矩阵（$\boldsymbol{W}_3$），其元素 $w_{ij}=\mu\frac{1}{d}+(1-\mu)\frac{1}{|(p_i-p_j)|}$。其中 d 为两省份的省会之间的地理距离，p 为某地区的人均 GDP，μ 取 0.5，表示地理距离矩阵所占比例，两种矩阵都同时考虑了地理距离和经济因素对空间相关性的影响，能够更加客观真实地反映区域间的关联程度，利用上文中建立的两种矩阵进行空间杜宾模型回归后，结果如表 9－12 所示。

从表 9－12 可知，虽然主要解释变量和控制变量的系数大小发生了变化，但是各个变量和其滞后项的系数符号并没有发生变化，而且核心解释变量和其他大部分控制变量均通过显著性检验，并没有发生根本性的变化，这说明上文中的实证结果是稳健的。

表 9－12　考虑不同空间矩阵的稳健性检验结果

变量	$\boldsymbol{W}_2$		$\boldsymbol{W}_3$	
	lh	lh	lh	lh
Main				
lflp	0.402 *** (7.19)		0.519 *** (8.52)	
lcfl		2.927 *** (2.98)		4.848 *** (4.07)
ledu	0.255 *** (8.58)	0.246 *** (8.36)	0.285 *** (9.10)	0.257 *** (8.08)
lgov	0.061 * (1.81)	0.028 (0.84)	0.137 *** (3.84)	0.063 * (1.78)
lopen	0.319 *** (23.53)	0.322 *** (23.25)	0.304 *** (20.44)	0.313 *** (20.13)

续表

变量	W_2		W_3	
	lh	lh	lh	lh
lrail	−0.052 *** (−6.92)	−0.050 *** (−6.88)	−0.063 *** (−8.13)	−0.056 *** (−7.27)
Wx				
lflp	−0.967 *** (−4.33)		−0.583 *** (−4.90)	
lcfl		−12.654 *** (−3.41)		−8.730 *** (−4.07)
ledu	−0.041 (−0.29)	0.178 (1.37)	−0.121 (−1.59)	0.064 (0.94)
lgov	−0.859 *** (−5.80)	−0.589 *** (−4.03)	−0.530 *** (−7.06)	−0.345 *** (−4.68)
lopen	0.187 *** (3.11)	0.219 *** (3.60)	0.094 *** (2.93)	0.105 *** (3.18)
lrail	0.159 *** (4.03)	0.082 ** (2.20)	0.108 *** (5.25)	0.057 *** (2.91)
Spatial rho	−0.529 *** (−4.19)	−0.701 *** (−5.67)	−0.187 *** (−2.74)	−0.293 *** (−4.29)
sigma2_e	0.001 *** (15.61)	0.001 *** (15.88)	0.001 *** (15.74)	0.001 *** (15.77)
N	510	510	510	510
R^2	0.863	0.884	0.882	0.888

9.8 本章小结

本章对我国区域经济协调发展水平和创新要素流动进行空间自相

关检验后发现其均存在空间相关性，因此在建立基准回归模型的基础上，进一步建立空间模型，并对溢出效应进行了分析。

首先，采用空间杜宾模型对我国省域间创新人员流动和创新资本流动进行了空间实证检验，以研究它们对区域经济协调发展的影响。检验结果显示：各省的经济发展水平存在显著的空间集聚效应和溢出效应，其他地区的加权影响会影响本省的经济协调发展水平。同时，创新人员流动和创新资本流动对经济协调发展都有一定的促进作用，其中，创新资本流动对经济协调发展的推动作用更强；对控制变量的分析表明，基础设施水平和人力资本水平对经济协调发展具有正向的直接效应和溢出效应，说明它们不仅促进本地区的经济协调发展，还对其他地区的经济协调发展产生了积极的溢出效应。因此，第 4 章影响机制分析中假设 H6、H7 得到验证。

其次，从效应分解结果来看，创新人员流动和创新资本流动可以显著促进本地区的经济协调发展，并且创新资本流动的促进作用大于创新人员流动的促进作用，创新要素流动对于其他地区的经济协调发展产生了抑制作用。区域间要素流动的空间溢出效应并不总是对经济协调发展产生积极促进作用，这是因为部分地区创新要素的流动仍然存在无序性、配置效率不足等问题。就控制变量而言，基础设施水平、人力资本水平的直接效应和溢出效应均为正值，这说明除了对本地区经济协调发展的促进作用，基础设施水平和人力资本水平还对其他地区的经济协调发展产生了正向的溢出效应。

最后，从区域异质性的回归结果来看，创新要素的流动对于本地区经济产生了显著的促进作用，而这种促进作用在西部地区表现最为明显，比中部和东部地区都要高，且中部地区高于东部地区。并且值得注意的是，在中部地区创新资本流动对于其经济协调发展产生了抑制作用。另外，近年来我国南北地区的经济发展差距逐渐增大，关注南北地区经济协调发展差距问题成为区域经济协调发展的重要命题，研究表明，创新人员流动在北方地区发挥更大的促进作用，创新资本流动在南方地区的影响更大。

第 10 章　数字经济发展水平对区域经济协调发展影响的实证分析

本章通过实证分析，探讨了数字经济发展水平对区域经济协调发展的影响。通过设定模型，选取指标，进行基准回归和中介效应回归分析，揭示了数字经济发展水平与区域经济协调发展之间的内在联系和互动机制。

10.1　模型设定与变量选取

为检验数字经济对区域经济协调发展的基本作用机制，构建基准回归模型为

$$\mathrm{XTFZ}_{it}=\beta+\alpha_0\mathrm{DEG}_{it}+\alpha_1\mathrm{FDI}_{it}+\alpha_2\mathrm{CZZC}_{it}+\alpha_3\mathrm{RLZB}_{it}+\alpha_4\mathrm{CYJG}_{it}+\alpha_5\mathrm{CSH}_{it}+\alpha_6\mathrm{DWKF}_{it}+C_i+\delta_t+\varepsilon_{it} \tag{10-1}$$

式中　β ——截距项；

i ——相应的地区；

t ——年份；

ε_{it} ——随机扰动项；

C_i ——地区的个体效应；

δ_t ——时间效应；

XTFZ——区域经济协调发展；

DEG——数字经济发展水平；

FDI——外商直接投资水平；

CZZC——政府科学技术财政支出；

RLZB——人力资本；

CYJG——产业结构；

CSH——城市化水平；

DWKF——对外开放水平。

为了进一步探究数字经济发展对区域经济协调发展的中介效应，构建以下模型［因中介效应第一步回归公式与式（10－1）相同，故此不再重复］：

$$QYCX_{it} = \alpha_1 + \beta_1 DEG_{it} + \gamma_1 FDI_{it} + \gamma_2 CZZC_{it} + \gamma_3 RLZB_{it} + \gamma_4 CYJG_{it} + \gamma_5 CSH_{it} + \gamma_6 DWKF_{it} + C_i + \delta_t + \varepsilon_{it} \quad (10-2)$$

$$XTFZ_{it} = \alpha_2 + \sigma QYCX_{it} + \beta_2 DEG_{it} ++ \gamma'_1 FDI_{it} + \gamma'_2 CZZC_{it} + \gamma'_3 RLZB_{it} + \gamma'_4 CYJG_{it} + \gamma'_5 CSH_{it} + \gamma'_6 DWKF_{it} + C_i + \delta_t + \varepsilon_{it} \quad (10-3)$$

式中 $QYCX_{it}$ ——中介变量区域创新能力。

当式（10－1）中自变量回归系数不显著，且式（10－2）和式（10－3）中自变量回归系数均显著的时候，说明此时为完全中介效应，即核心解释变量只能通过中介变量对被解释变量产生影响。当式（10－1）～式（10－3）中自变量回归系数均显著的时候，说明此时为部分中介效应，即核心解释变量既能直接影响被解释变量，又能通过中介变量对被解释变量产生影响。

10.2　回归模型实证分析

10.2.1　相关性分析与多重共线性检验

本节使用 stata17 对变量进行计算皮尔逊相关系数，计算结果如表 10－1 所示。相关性分析结果表明，数字经济发展水平和区域经济协调发展存在显著相关，并且相关性较强，符合本书预期。控制变量大部分与预期符合。

表 10－1　相关性分析结果

变量	XTFA	DEG	FDI	CZZC	CZH	DWKF	CYJG	RLZB
XTFA	1							
DEG	0.755***	1						
FDI	0.263***	−0.029	1					
CZZC	−0.493***	−0.498***	−0.238***	1				
CZH	0.817***	0.584***	0.227***	−0.327***	1			
DWFK	0.899***	0.584***	0.160***	−0.429***	0.779***	1		
CYJG	0.575***	0.400***	0.102*	0.048	0.529***	0.503***	1	
RLZB	0.717***	0.495***	0.153**	−0.135**	0.828***	0.640***	0.777***	1

注：***、**、* 分别为在 1%、5%、10% 的显著性水平下通过检验。

为了防止变量之间存在多重共线性使得回归结果不准确，需对变量进行多重共线性检验，检验结果如表 10－2 所示。

根据 VIF 计算结果可以看出，最大的 VIF 数值仅为 6.79，小于 10，说明不存在多重共线性。

表 10-2　多重共线性检验

变量	VIF	1/VIF
CSH	6.26	0.160
CZZC	3.42	0.535
CYJG	3.91	0.292
RLZB	6.79	0.147
DWKF	3.15	0.317
DEG	2.21	0.452
FDI	1.24	0.808
Mean VIF	3.56	

10.2.2　基准模型回归结果分析

在进行面板数据回归时，首先需要对面板数据平稳性进行检验，由于本书涉及的面板属于短面板，故不用再进行单位根及协整检验，直接进行豪斯曼检验，结果显示 *P* 值为小于 0.001，表明可以在 1%的水平上拒绝随机效应的原假设，因此选择固定效应模型，分析结果如表 10-3 所示。

表 10-3　基准模型回归结果

变量	模型Ⅰ	模型Ⅱ
DEG	0.185 *** (10.95)	0.136 *** (5.43)
FDI		−0.034 (−0.29)
CZZC		−0.027 (−0.49)

续表

变量	模型Ⅰ	模型Ⅱ
RLZB		0.077 (2.46)
CSH		0.161 *** (2.80)
DWKF		0.118 *** (5.38)
CYJG		0.095 *** (2.95)
Cons	0.219 *** (78.83)	0.080 (2.58)
Obs	270	270
R^2	0.570	0.901

注：① *** 、** 、* 分别表示 1%、5%、10%的显著性水平；②括号内为 t-统计量。

根据表 10-3 可以看出，模型Ⅰ在不加入控制变量的时候，数字经济发展水平的系数为 0.185，且通过 1%显著性水平检验。说明数字经济发展水平每提升 1%，会使得区域经济协调发展能力提升 0.185%，此时的 R^2 值为 0.570，拟合程度较好；模型Ⅱ在加入控制变量后，R^2 值提升至 0.901，说明方程的拟合程度显著提升。此时数字经济发展水平的系数为 0.136，且通过 1%显著性水平检验。数字经济发展水平每提升 1%，会使得区域协调发展能力提升 0.136%。说明数字经济发展水平的提升会对区域经济协调发展有正向促进作用。至此，假设 H8 得到验证，数字经济发展水平可以促进区域经济协调发展。

随着我国进入数字时代，我国大部分地区都对传统基建进行升级改造以及数字融合发展，从而搭建更加通用的数字基础设施平台，为区域主体提供具有资源整合功能的便捷数字化平台，支撑数字化技术，分析应用经济活动产生的数据，促进多渠道融合与发展。在这个过程中，产业逐渐由劳动密集型、低技术含量的传统产业转向具备高附加值与资本技术密集型的新兴产业，通过数字技术信息资源的开发，减少物质资源的消耗，最终整个经济有助于减少资源的总消耗和改善资源的利用，实现区域经济协调发展。

控制变量中，城镇化水平、对外开放、产业结构显著为正，说明随着城镇化水平、对外开放水平、产业结构升级调整的提升，能够促进区域经济协调发展。根据最新的统计数据，我国的城镇化率已经达到了约65%，并且以每年约1%的速度稳步增长。这意味着越来越多的农村人口正在向城市转移，为城市经济注入新的活力。城镇化不仅带来了人口集聚，还促进了城市基础设施建设和公共服务水平的提升，推动区域经济发展。例如，城市交通、教育、医疗等公共服务设施的完善，进一步提高了城市居民的生活质量，吸引了更多的人才和投资。

对外开放有助于实现区域经济协调发展。通过国际贸易和投资，各地区可以实现优势互补，共同推动经济发展。同时，国家也可以通过制定区域发展政策，引导外资向中西部地区流动，促进中西部地区的经济发展，缩小地区之间的差距。随着技术的进步和市场需求的变化，我国产业结构也在不断发生变化。产业结构升级往往伴随着新技术、新产品的出现，这些新技术、新产品能够满足市场的多样化需求，从而扩大市场规模。市场规模的扩大能够吸引更多的投资，进一步推动区域经济的发展。同时，在产业结构升级过程中，不同区域之间会形成优势互补、协同发展的格局。通过加强区域间的合作与交流，可以共同应对市场挑战，分享发展成果，实现共赢，促进区域经济协调发展。

10.2.3　中介效应模型回归结果分析

以区域创新能力为中介变量的回归结果如表 10－4 所示。

表 10－4　中介效应模型回归结果

变量	模型Ⅰ	模型Ⅱ	模型Ⅲ
	XTFZ	QYCX	XTFZ
DEG	0.365 *** (8.92)	1.061 *** (17.01)	0.062 ** (7.62)
QYCX			0.286 *** (1.32)
FDI	1.190 *** (8.08)	0.608 *** (3.28)	1.016 *** (7.44)
CZZC	−0.048 * (−1.88)	−0.022 (−0.56)	−0.042 * (−1.74)
RLZB	0.164 ** (2.16)	0.117 (1.16)	0.131 ** (1.93)
CSH	0.063 (1.45)	−0.197 *** (−3.60)	0.119 *** (2.71)
DWKF	0.275 *** (15.16)	0.158 *** (7.11)	0.229 *** (15.72)
CYJG	0.0113 ** (2.16)	−0.054 *** (−6.25)	0.027 *** (5.03)
Cons	0.034 *** (1.65)	0.101 *** (4.24)	0.005 *** (0.25)
N	270	270	270
R^2	0.931	0.863	0.943

注：***、**、* 分别为在 1%、5%、10%的显著性水平下通过检验。

模型Ⅰ为数字经济发展水平对区域经济协调发展的回归结果，数字经济发展水平的系数显著为正，说明数字经济发展水平能够促进区域经济协调发展；模型Ⅱ为数字经济发展水平对区域创新能力的回归结果，数字经济发展水平回归系数显著为正，说明数字经济发展能够促进区域创新能力提升，这与前文假设保持一致；模型Ⅲ为数字经济发展水平、区域创新能力对区域经济协调发展回归结果，二者回归系数均显著为正，说明存在中介效应，且为部分中介效应。

进一步对中介效应进行Sobel检验，表10-5为检验结果。可以看出，sobel检验的P值小于0.001，显著拒绝原假设，说明中介效应是显著存在的；间接效应数值为0.141，直接效应数值为0.257，总效应为0.398，说明数字经济发展水平可以通过提升区域创新能力促进区域经济协调发展，假设H9得到验证。

表10-5　sobel检验结果

项目	系数	Z值	P值
sobel	0.141	3.802	0.000
Goodman-1	0.141	3.798	0.000
Goodman-2	0.141	3.806	0.000
间接效应	0.141	3.88	0.000
直接效应	0.257	5.694	0.000
总效应	0.398	14.445	0.000
间接效应占总效应比重	0.353		
间接效应占直接效应比重	0.545		
总效应占直接效应比重	1.545		

10.3　内生性及稳健性检验

(1) 内生性检验

在实证的过程中，考虑由于数字经济发展水平在影响区域经济协调发展的同时，区域经济协调发展也能够反过来对数字经济发展水平产生影响，以及遗漏变量等内生性问题，使得模型回归结果不准确。本书采用工具变量法进行更进一步讨论。

本章继续采用 6.4.1 节的做法，利用各地区 1984 年邮电业务总量与上一年全国互联网上网总人数的交互项，进行两阶段最小二乘法。第一阶段对工具变量的检验 P 值为 0.000，说明工具变量与解释变量相关性很高，拒绝了工具变量为弱工具变量的原假设。

表 10－6 中，模型Ⅰ是采用 2sls 的回归结果，在使用工具变量后，数字经济发展水平对区域经济协调发展的影响依旧为正，且通过 1% 显著性水平检验。说明在考虑内生性问题带来的影响后，数字经济发展水平对区域经济协调发展的影响是具有稳健性的。

表 10－6　工具变量法回归结果

变量	模型Ⅰ
DEG	0.039 *** (3.79)
FDI	0.185 (1.59)
CZZC	−0.082 (−1.61)
CSH	0.131 ** (2.18)
DWKF	0.157 *** (8.91)

续表

变量	模型Ⅰ
CYJG	0.0381 *** (3.68)
RLZB	0.099 ** (1.08)
Cons	−0.347 *** (−3.47)
Observations	270
R^2	0.891

注:① *** 、** 、* 分别表示 1%、5%、10%的显著性水平;②括号内为 t -统计量。

(2) 稳健性检验

采用替换解释变量这一常用方式进行稳健性检验，对数字经济发展水平的指标进行重新选取，根据现有学者的研究，选取互联网上网人数（万人）作为数字经济发展水平的测度方式。

表 10 - 7 中，模型Ⅰ是选取互联网上网人数（万人）作为数字经济发展水平的测度方式的回归结果，可以看出，回归后系数依旧为正，且通过 1%水平显著性检验。这说明原模型是具有稳健性的。

表 10 - 7　稳健性检验回归结果

变量	模型Ⅰ
DEG	0.213 *** (8.39)
FDI	0.231 (2.11)
CZZC	−0.130 *** (−3.16)
RLZB	0.059 (0.99)

续表

变量	模型Ⅰ
CSH	0.132 *** (2.76)
DWFK	0.222 *** (13.870)
Cons	0.055 *** (2.17)
Obs	270
R^2	0.922

注：① ***、**、* 分别表示 1%、5%、10% 的显著性水平；② 括号内为 t-统计量。

10.4　本章小结

本章对数字经济发展水平影响区域经济协调发展的机制进行分析。通过固定效应模型与中介效应模型进行实证分析，结果表明数字经济发展水平每提升 1%，会使得区域经济协调发展程度提升 0.136%。说明数字经济发展水平的提升会对区域经济协调发展有正向促进作用。控制变量中，城镇化水平、对外开放、产业结构显著为正，说明随着城镇化水平、对外开放水平、产业结构升级调整的提升，能够促进区域经济协调发展。数字经济发展水平影响区域经济协调发展的路径存在两种：一是，数字经济发展水平能够显著促进区域经济发展水平；二是，数字经济发展水平能够通过影响区域创新能力促进区域经济协调发展。因此，影响机制中的研究假设 H8 和 H9 得到验证。

本章还进一步对回归模型进行了检验，以确保研究结果的准确性和可靠性。首先，进行了内生性检验，通过构建工具变量，利用了各地区 1984 年邮电业务总量与上一年全国互联网上网总人数的交互项，作为工具变量，进行了两阶段最小二乘法估计。此外，还通过替换解释变量的方法进行了稳健性检验，选取互联网上网人数（万人）作为数字经济发展水平的测度方式。以上两个检验结果均表明了回归模型的准确性。

第 11 章 研究结论与建议

11.1 研究结论

在新发展阶段，创新驱动发展已成为我国经济高质量发展的核心战略。数字经济作为新兴的经济形态，正不断与传统产业深度融合，通过赋能产业链条和优化资源配置，为创新活动提供必要的技术支持，成为提升区域创新能力及推动区域经济协调发展的强大驱动力。基于以上背景，本书对数字经济、区域创新能力以及经济协调发展之间的关系进行了深入的研究。首先，探讨了数字经济发展水平对区域创新能力的影响机制，同时分析了区域间创新要素流动对区域经济协调发展的作用机制，以及数字经济发展水平如何进一步影响区域经济协调发展。其次，为了量化这些影响，构建了衡量数字经济发展水平、区域创新能力、区域间创新要素流动以及区域经济协调发展的指标体系，采用熵值法对这些指标进行了测度。在测度的基础上，进一步从时间和空间两个维度出发，对这些指标进行了详细的分析。最后，为了验证提出的研究假设，采用了实证分析方法。通过构建面板数据模型、门限回归模型及空间计量模型，对数字经济、区域创新能力与区域经济协调发展之间的关系进行了实证检验。本书的主要研究结论如下。

1）从时间演变角度来看，我国数字经济的发展呈现出逐年稳定上升的趋势，显示出持续增长的活力。从空间演变特征来看，我国东部、中部、西部地区数字经济发展水平与整体平均水平走势相似，2013—2020年都呈现出逐渐上升态势。其中，东部地区数字经济发展水平远高于中西部及整体平均水平，说明我国东部地区数字经济发展水平较好，为拉动我国地区平均数字经济发展水平做出重大贡献，呈现出东部领跑、中西部追赶的形式。对于区域创新能力来说，在时间演变特征中，我国省（自治区、直辖市）的区域创新能力呈现逐年上升的走势。尤其是广东省、江苏省、浙江省、北京市等地区，区域创新能力的增长势头十分迅猛；在空间演变特征中，其特征与数字经济的发展趋势相似，具有明显的地域特征，也同样呈现出东部领跑、中西部追赶的形式，这种显著的区域差异不仅体现了当前创新能力的分布格局，还揭示了区域间创新能力发展的不平衡性。

2）我国区域间创新要素流动存在明显的差异和集聚特点，东部沿海地区特别是长三角和京津冀地区成为创新人才和创新资本的“集聚地”。西部地区由于缺乏比较优势，导致创新要素活跃性较低，成为“匮乏地”。创新人才流动具有三大趋势：一是越来越倾向于向经济发达地区和重点经济区流动；二是不同区域间创新人才流动规模的差距在逐渐减小；三是一些潜在的创新人员流动的集聚中心正在逐渐涌现。创新资本流动的特点表现为东部地区持续领跑、中部地区逐渐崛起，西部地区加速追赶，同时各地区间的差距也正在缩小。从我国区域经济协调发展的空间特点来看，整体呈现出东部地区经济协调发展水平大于中部地区，中部地区大于西部地区的分布格局，且东部地区的经济协调水平远高于全国平均水平。从时间趋势特点来看，2004—2020

年东部、中部、西部地区的经济协调发展水平都在逐渐提高过程中。

3）数字经济发展水平能够显著提升区域创新能力，同时数字经济发展水平对区域创新能力的影响存在非线性特征。在运用双固定效应模型回归后，发现数字经济发展水平的系数在 1%显著性水平下为正，说明数字经济对区域创新能力具有显著正向影响。同时，地方财政支出和城镇化系数的表现也均显著促进了区域创新能力的提升。数字经济发展与区域创新能力之间的非线性关系受到知识产权保护水平的影响，以知识产权保护为门槛变量时，存在一个明确的门槛值。当该值被超越时，数字经济对区域创新能力的影响会显著增强，这进一步表明知识产权保护水平的提升能够有效增强数字经济对区域创新能力的推动作用。这种影响呈现非线性特征，即随着知识产权保护水平的不断提升，其对数字经济与区域创新能力关系的正面效应也将以非线性的方式增强。

4）数字经济发展对区域创新能力存在负向空间溢出效应。一方面是由于数字经济发展作为推动区域创新能力重要影响因素，在加快区域间信息要素流动速度的同时，也会使得区域间对资源竞争加剧。在市场机制作用下，当一个地区的数字经济发展越高，那这个地区所具备的信息吸收能力就越强，对于技术、资金等创新要素也更容易流向高值地区，促进高值地区创新成果转化，赋能本地区创新能力，对邻近周边地区的区域创新能力产生抑制作用，即极化效应；另一方面，各地区数字经济发展差异较大，部分地区数字经济发展处于起步阶段，辐射作用较差，难以与周边邻近地区形成协同发展合作的局面，从而产生负向空间溢出作用。对于控制变量来说，人力资本、政府财政支出、经济发展水平都会促进区域创新能力的提升，同时也存在正向空间溢出效应，即会对周围地区的创新能力产生促进作用。

5）从整体上来看，区域间创新要素流动对于区域经济协调发展具有显著的促进作用，但是对空间邻近地区存在负向的溢出效应，总效应呈现正向的促进效果，其中创新资本流动产生的影响要大于创新人员流动。区域间要素流动的空间溢出效应并不总是对经济协调发展产生积极促进作用，主要是因为部分地区创新要素的流动仍然存在无序性、配置效率不足等问题。同时，基础设施水平和人力资本水平对经济协调发展也具有正向的直接效应和溢出效应，说明它们不仅促进本地区的经济协调发展，还对其他地区的经济协调发展产生了积极的溢出效应。从东部、中部、西部不同地区来看，创新要素在西部地区的直接效应与溢出效应均为正向，且作用程度远远大于东部和中部地区。另外与其他两个地区不同的是，中部地区的创新资本流动对于其经济协调发展产生了抑制作用，而在东部和西部地区均为促进作用。从南、北区域的角度分析，创新人员流动在北部产生的影响明显大于南部地区，而创新资本流动在南部产生的作用显著强于北部地区。

6）数字经济发展水平的提升会对区域经济协调发展有正向促进作用。采用固定效应模型进行实证分析得到的结果表明，数字经济发展水平每提升1%，会使得区域经济协调发展能力提升0.136%。控制变量中，城镇化水平、对外开放、产业结构显著为正，说明随着城镇化水平、对外开放水平、产业结构升级调整的提升，能够促进区域经济协调发展。采用区域创新能力作为中介效应的回归模型结果显示，数字经济发展水平的系数显著为正，同样说明数字经济发展水平能够促进区域协调发展。数字经济影响区域经济协调发展的路径可归纳为直接和间接效应。直接效应表现为：通过建设数字基础设施平台，可以整合资源，驱动生产要素流动，加强区域间联系，促进融合与发展，最终推动区域经济协调发展。同时，数字融合促使生产要素向高融合度行业、产业与地区集中，增强要素积累，能够产生外部经济性，进而促进协调发展。间接效应则通过提升区域创新能力，优化资源配置，推动传统产业升级转型，促进产业结构合理化，缩小经济差距，并加速区域间知识与技术溢出，最终实现区域经济协调发展。

11.2　建议

促进地区间创新能力提升、经济和谐发展。政府可以针对不同地区的特点和发展需求，制定具有差异性的政策，支持各地区的发展。政策的制定应该注重协调性和整体性，鼓励地区之间的合作和互动。同时，政府应加大对基础设施建设的投资，包括交通、水利、电力等方面，提高地区之间的互联互通能力，促进资源要素的流动和交流。根据各地区的资源禀赋和产业特点，鼓励地方政府和企业发展本地区的产业特色，提高经济发展的自主性和可持续性。我们要做的就是要构建一个新的、更好的促进地区高质量发展的新机制。在实施地区协调发展、创新战略时，要坚持综合考虑，合理布局，实现地区间的协调发展，实现共同富裕。研究结论对于科学准确地引导区域间创新要素流动、提升协同创新水平、优化要素配置效率、提升区域创新能力、促进地区经济协调发展水平具有重要的启示意义，建议可以通过完善数字基础设施建设、加快产业数字化融合、完善数字知识产权保护、加强创新人才队伍建设等方面来推动这一进程。

1）全面完善各地区数字化基础设施建设，为创新活动提供硬件支持。数字基础设施建设是数字经济发展的重要基石，各地区在聚焦发展数字经济时，需先夯实基础设施建设。建设新一代通信网络基础设施，持续扩大千兆光网覆盖和普及范围，特别是偏远山区以及农村地区，提高重点区域5G网络覆盖率，布局绿色智能的数据与计算设施，有序推进搭建数据中心，合理布局涵盖多行业的云服务体系，实现不同区域间数据资源共建、共享，促进技术信息在不同区域间流通，为创新主体提供基础设施支持。

2）加快产业数字化融合，赋能产业链条与协同创新。坚持以数字化发展为导向，立足各地方产业特点，充分发挥数字技术发展优势，以有效需求为牢固支撑，与实体经济深度融合，深度挖掘与释放数据要素潜能与价值，促进数据在生产、分配等环节高效贯通，实现智能化生产和服务。数字技术作为连接传统产业与数字经济的“连接器”，加强数字化技术应用，推动一、二、三产业数字化转型升级，推动重点行业智能化升级，打造数字化团队、具有国际竞争力的数字产业集群，搭建创新示范基地，孵化新型产业业态。

3）完善数字知识产权保护，营造良好创新环境。数据本身具有公共属性，它既是一种资产，也是一种资源，合理划分产权范围是维护创新主体所创造商业价值和智力成果属性的重要途径。政府相关部门应加快构建数据知识产权保护规则体系，明确界定数字知识产权保护范围，提高知识产权审查质量和审查效率；强化立法基础，建立健全执法机制和纠纷解决机制，严格执法，提高违法的成本，保护知识产权所有人的权益。此外，加快知识产权成果转化运用，促进创新成果惠企强企，通过搭建知识技术信息供需平台，畅通流转渠道，促进高校院所对中小企业实施专利开放许可，降低企业获取专利技术成本，从而刺激创新活动发生。对于监管方面，引入社会力量，通过提高全民知识产权意识，鼓励公民参与到知识产权保护中，与政府部门相互补充，形成多方位、多主体全面监管。

4）充分发挥人才作用，加强创新队伍建设，形成区域辐射效应。

健全高技能人才培养体系，依托企业培训中心、产教融合实训基地、线上网络平台等大力开展职工技能提升培训；推动职业院校紧密结合市场需求，积极探索企业与高校“传帮带”育人模式，进一步提高技能人才培养的针对性和适用性；完善技术人才等级评价标准，统一考试成绩核定标准，加大高技能人才资格补助以及表彰奖励力度；打造云平台人才服务体系，搭建面向全球的招才引智和人才服务平台，汇聚全球人才和智慧资源，充分壮大创新队伍。

5）我国不同地区的经济协调发展之间具有显著的正向溢出效应和空间集聚效应，因此地方政府在制定政策提高自身经济协调发展水平时，不仅要关注自身的发展现状和潜力，也要注重加强与其他地区的合作与交流，积极搭建共享平台，从而推动区域经济协调发展。

6）创新要素流动可以有效地促进协调发展水平的提高，经济协调发展阶段不同于经济增速阶段，坚持新发展理念，推动创新驱动发展战略，这就要求国家在鼓励创新要素流动的同时要关注创新要素流动的科学性和有序性，引导各地区基于自身资源禀赋和比较优势，准确科学地加强对人才吸引力度和对产业集群落地的引导作用。通过进一步的制定和完善相关政策制度，促进创新要素在区域间更自由地流动，逐渐消除阻碍创新要素流动障碍和壁垒，这样才能更好地促进经济的发展和创新的进步，推动创新要素以符合市场需求的方式合理科学的配置，从而避免出现“此消彼长”“盲目从众”等现象。

7）从地区发展的角度来看，东、中、西三个地区的经济协同发展程度各不相同，其中，东部地区的经济协同发展程度显著高于中、西部地区。因此，东部地区应该起到引领的作用，并将人才和资本输送到中西部地区，从而促进地区的协同发展。同时，中西部地区应该立足于自己的相对优势，注重创新要素的流向和最优的分配，尤其是西部地区，应该意识到自己的不足，并针对我国的一系列西部大开发战略，比如“推进成渝双城经济圈”、在中西部地区设立“自贸试验区、综合保税区”等，实施以大数据智能化为引导的创新驱动战略计划，促进新旧动能转化，牢牢抓住时代机遇，制定合理有效的措施政策吸引创新人才和创新资本，从而促进区域经济协调发展。

8）目前我国正由经济增速阶段转向协调发展阶段，需要从过去依靠传统要素（如土地、资本、劳动力等）驱动经济增长的模式转变为以人才为支撑的创新驱动模式。这是因为，创新驱动可以更有效地提高经济增长的质量和效益。因此，需要加大对人才的培养和引进力度，鼓励人才创新创业，以推动经济的协调发展。政府可以推出一系列人才政策，吸引和鼓励优秀人才到不同地区工作和生活，促进人才流动和交流，提高地区之间的技术和经验交流水平。改善北方地区的科技创新环境，完善政府的财政支持政策、科技型企业融资和科技创新人才引进成长环境。发挥北京市作为创新要素流动聚集地的引领作用。发挥西部和中部地区丰富的资源优势，大力培育创新主体，激发人力资本的创新活力，优化配置教育资源、优化基础设施建设和环境建设的协调发展，从而大力推动北方地区经济结构转型，缩小南北方经济协调发展差距。

参考文献

［1］谢巧燕，王昱崴. 金融发展对区域创新能力提升的影响机制研究［J］. 经济经纬，2022，39（03）：138－149.

［2］刘洋，陈晓东. 中国数字经济发展对产业结构升级的影响［J］. 经济与管理研究，2021，42（08）：15－29.

［3］CALLON M，LAW J，RIP A. Mapping the dynamics of science and technology：sociology of science in the real world［M］. The Mac－millan Press，1986：89－106.

［4］TAPSCOTT，DON. The digital economy：promise and peril in the age of networked intelligence［M］. New York：McGraw－Hill，1996.

［5］田丽. 各国数字经济概念比较研究［J］. 经济研究参考，2017（40）：101－106.

［6］United States. Department of commerce. The emerging digital economy［M］. Washington DC：US Department of Commerce，1998.

［7］DAVID H，BUCKLEY P，GILL G，et al. The emerging digital economy II.［M］Washington DC：US Department of Commerce，1999.

［8］Organization for Economic Co－operation and Development［EB/OL］. http：//www.oecd.org/daf/competition/The－Digital－Economy－2012.pdf.

［9］中共中央网络安全和信息化领导小组办公室.《二十国集团数字经济发展

与合作倡议》［EB/OL］. http：//www.g20chn.org/hywj/dncgwj/201609/t20160906_3392.html.

［10］中国信息通信研究院.《中国数字经济发展白皮书 2017》［EB/OL］. http：//www.caict.ac.cn/kxyj/qwfb/bps/201804/t20180426_158452.htm.

［11］LANE N. Advancing the digital economy into the 21st Century.［J］. Information Systems Frontiers，1999，1（3）：317－320.

［12］KLING R，LAMB R. IT and organizational change in digital economies，in understanding the digital economy［M］. Cambridge：MIT Press，2000.

［13］KIM B，BARUA A，WHINSTON A B. Virtual field experiments for a digital economy：a new research methodology for exploring an information economy［J］. Decision Support Systems，2002，32（1）：215－231.

［14］BUKHT R，HEEKS R. Defining，conceptualising and measuring the digital economy［J］. International Organizations Research Journal，2017，13（2）：143－172.

［15］李晓华. 数字经济新特征与数字经济新动能的形成机制［J］. 改革，2019（11）：40－51.

［16］陈晓红，李杨扬，宋丽洁，等. 数字经济理论体系与研究展望［J］. 管理世界，2022，38（02）：208－224.

［17］张鹏. 数字经济的本质及其发展逻辑［J］. 经济学家，2019（02）：25－33.

［18］裴长洪，倪江飞，李越. 数字经济的政治经济学分析［J］. 财贸经济，2018，39（09）：5－22.

［19］OECD. 以知识为基础的经济［M］. 杨宏进，等，译. 北京：机械工业出版社，1997.

［20］Organization for Economic Cooperation and Development（OECD）. OECD guide to measuring the information society 2011［M］. Paris：OECD，2011.

［21］Organization for Economic Cooperation and Development（OECD）. OECD internet economy outlook 2012 [EB/OL]. https //www. oecd - ilibrary. org/science - and - technology/oecd - internet - economy - outlook - 2012 _ 9789264086463 - en.

[22] Organization for Economic Cooperation and Development (OECD). 衡量数字经济：一个新的视角 [M]. 张晓，译 . 上海：上海远东出版社，2014.

[23] Organization for Economic Cooperation and Development (OECD). 衡量数字化转型：未来路线图 [M]. 张晓，译 . 大连：东北财经大学出版社，2022.

[24] G20，数字经济测算工具箱 [EB/OL]. https：//www. baogaoting. com/info/152913.

[25] 中国信息通信研究院，中国数字经济发展白皮书（2018 年） [EB/OL]. http：//www. caict. ac. cn/kxyj/qwfb/bps/201904/t20190417 _ 197905. htm.

[26] 腾讯研究院 . 中国“互联网+”数字经济指数（2017） [EB/OL]. https：//www. tisi. org/4868.

[27] 赛迪顾问. 2020 中国数字经济发展指数（DEDI） [EB/OL]. http：//www. 100ec. cn/detail -- 6573138. html.

[28] HAN D，DING Y，SHI Z，et al. The impact of digital economy on total factor carbon productivity：the threshold effect of technology accumulation [J]. Environmental Science and Pollution Research，2022，29 (37)：691 - 706.

[29] OJANPERÄ S，GRAHAM M，ZOOK M. The digital knowledge economy index：mapping content production [J]. The Journal of Development Studies，2019，55 (12)：2626 - 2643.

[30] 张雪玲，焦月霞 . 中国数字经济发展指数及其应用初探 [J]. 浙江社会科学，2017 (04)：32 - 40.

[31] 刘军，杨渊鋆，张三峰 . 中国数字经济测度与驱动因素研究 [J]. 上海经济研究，2020 (06)：81 - 96.

［32］ ROMAN C，TATIANA C. How to evaluate the digital economy scale and potential? ［J］. Entrepreneurship and Sustainability Issues，2021，8（4）：10－14.

［33］ 王军，朱杰，罗茜．中国数字经济发展水平及演变测度［J］. 数量经济技术经济研究，2021，38（07）：26－42.

［34］ 王娟娟，佘干军．我国数字经济发展水平测度与区域比较［J］. 中国流通经济，2021，35（08）：3－17.

［35］ 金灿阳，徐蔼婷，邱可阳．中国省域数字经济发展水平测度及其空间关联研究［J］. 统计与信息论坛，2022，37（06）：11－21.

［36］ 许宪春，张美慧．中国数字经济规模测算研究——基于国际比较的视角［J］. 中国工业经济，2020（05）：23－41.

［37］ 蔡跃洲，牛新星．中国数字经济增加值规模测算及结构分析［J］. 中国社会科学，2021（11）：4－30.

［38］ 李洁，张天顶．投入产出分析与中国数字经济规模的测量［J］. 当代经济管理，2021，43（10）：66－73.

［39］ 鲜祖德，王天琪．中国数字经济核心产业规模测算与预测［J］. 统计研究，2022，39（01）：4－14.

［40］ 向书坚，吴文君．中国数字经济卫星账户框架设计研究［J］. 统计研究，2019，36（10）：3－16.

［41］ 罗良清，平卫英，张雨露．基于融合视角的中国数字经济卫星账户编制研究［J］. 统计研究，2021，38（01）：27－37.

［42］ SCHUMPETER J A. The theory of economic development ［M］. Cambridge：Harvard University Press，1934.

［43］ FREEMAN C. Technology policy and economic performance：lessons from Japan ［M］. London：Printer Publishers，1987.

［44］ SUAREZ V L. Invention，inventive learning and innovative capacity ［J］. Behavioral Science，1990，35（4）：290－310.

[45] COOKE P. Reginoal innovation systems competitive Regulation in the New Europe [J]. Geoforum，1992，23 (3)：365 - 382.

[46] 甄峰，黄朝永，罗守贵．区域创新能力评价指标体系研究 [J]. 科学管理研究，2000 (06)：5 - 8.

[47] 柳卸林，胡志坚．中国区域创新能力的分布与成因 [J]. 科学学研究，2002 (05)：550 - 556.

[48] 詹湘东．基于知识管理的区域创新能力评价研究 [J]. 科技进步与对策，2008 (04)：117 - 121.

[49] DOSI G，TEECE D J，CHYTRY J. Technology，organization，and competitiveness：perspectives on industrial and corporate change [M]. Oxford：Oxford University Press，1998.

[50] 黄鲁成．关于区域创新系统研究内容的探讨 [J]. 科研管理，2000 (02)：43 - 48.

[51] COOKE P. Regional innovation systems，clusters，and the knowledge economy [J]. Industrial and Corporate Change，2001，10 (4)：945 - 974.

[52] 吴林海．中国科技园区域创新能力理论分析框架研究 [J]. 经济学家，2001 (03)：106 - 111.

[53] 任胜钢，彭建华．基于因子分析法的中国区域创新能力的评价及比较 [J]. 系统工程，2007 (02)：87 - 92.

[54] 瞿辉，闫霏．基于产业知识多样性的区域创新能力评价研究 [J]. 科技管理研究，2019，39 (20)：39 - 44.

[55] 魏守华，吴贵生，吕新雷．区域创新能力的影响因素——兼评我国创新能力的地区差距 [J]. 中国软科学，2010，(09)：76 - 85.

[56] 张宝文，王西，韩磊．金融市场化对区域创新能力的非线性影响研究 [J]. 经济问题探索，2021，(07)：71 - 87.

[57] 吴江，吴涛．财政透明度、地方政府治理能力与区域创新 [J]. 统计与决策，2022，38 (15)：149 - 153.

［58］ 戴金辉，林典伟．区域创新发展能力评价与空间差异测度［J］．统计与决策，2024，40（06）：62－67.

［59］ 章昌平，常继元，陈玲玲，等．数据开放对区域创新能力的作用机制分析——基于政务服务便捷性的中介作用［J］．科技管理研究，2024，44（01）：51－60.

［60］ 郑江淮，师磊．本地化创新能力、区域创新高地与产业地理梯度演化路径［J］．中国工业经济，2023（05）：43－60.

［61］ 惠宁，白思．打造数字经济新优势：互联网驱动区域创新能力提升［J］．西北大学学报（哲学社会科学版），2021，51（06）：18－28.

［62］ 李新功，黄晓婉．互联网发展与区域创新能力非线性关系研究［J］．工业技术经济，2022，41（03）：153－160.

［63］ 徐政，张存才．通信基础设施、边界效应与区域创新能力——基于滇桂两省区地级市的实证研究［J］．现代管理科学，2021，325（02）：71－78.

［64］ 韩志弘，张纪海．中关村科技创新政策对区域创新能力的影响［J］．中国科技论坛，2021，308（12）：18－30.

［65］ 陈光，钟方媛，周贤永．创新政策如何促进区域创新能力提升——基于25个省份的 fsQCA 分析（2012—2016）［J］．中国高校科技，2022（12）：33－40.

［66］ 杨玉桢，冀康盂．自贸试验区设立对区域创新能力的影响研究［J］．工业技术经济，2022，41（04）：11－18.

［67］ 陈天宇，解学芳．文化产业集聚提升了区域创新能力吗？——基于空间计量模型的实证检验［J］．经济问题探索，2023（03）：111－125.

［68］ 王家庭，贾晨蕊．中国区域创新能力及影响因素的空间计量分析［J］．中国科技论坛，2009（12）：73－78.

［69］ 鲁钊阳，廖杉杉．FDI 技术溢出与区域创新能力差异的双门槛效应［J］．数量经济技术经济研究，2012，29（05）：75－88.

［70］ 李思龙，仝菲菲，韩阳阳．公共教育投资、人力资本积累和区域创新能力

[J]. 财经研究，2022，48 (09)：94-108.

[71] 王书华，姚璐. 金融供给对区域创新能力影响的空间效益分析——基于"中心—外围"式的研究视角 [J]. 经济问题探索，2022 (04)：127-141.

[72] 温珺，阎志军，程愚. 数字经济与区域创新能力的提升 [J]. 经济问题探索，2019 (11)：112-124.

[73] 熊励，蔡雪莲. 数字经济对区域创新能力提升的影响效应——基于长三角城市群的实证研究 [J]. 华东经济管理，2020，34 (12)：1-8.

[74] 徐辉，邱晨光. 数字经济发展提升了区域创新能力吗——基于长江经济带的空间计量分析 [J]. 科技进步与对策，2022，39 (13)：43-53.

[75] 赵滨元. 数字经济核心产业对区域创新能力的影响机制研究——数字赋能产业的中介效应 [J]. 科技进步与对策，2022，39 (15)：50-57.

[76] 夏杰长，姚战琪，徐紫嫣. 数字经济对中国区域创新产出的影响 [J]. 社会科学战线，2021 (06)：67-78.

[77] 徐向龙，侯经川. 促进、加速与溢出：数字经济发展对区域创新绩效的影响 [J]. 科技进步与对策，2022，39 (1)：50-59.

[78] 马为彪，吴玉鸣. 数字经济发展对中国城市创新能力的影响 [J]. 经济体制改革，2022 (06)：51-60.

[79] 鲍鹏程，朱付彪. 数字经济对区域创新影响的实证检验 [J]. 统计与决策，2023，39 (16)：101-105.

[80] 潘涛，王丽华，郭芳辰. 数字经济背景下我国区域创新能力评价——基于科技服务业与先进制造业协同视角 [J]. 工业技术经济，2022，41 (11)：42-47.

[81] 高厚宾，李晨阳. 数字经济如何释放"创新红利"：理论机制与微观证据 [J]. 科技进步与对策，2023，40 (14)：22-30.

[82] 刘刚，朱朝晖. 数字经济赋能企业创新能力提升的实证检验——基于智慧城市的准自然实验 [J]. 现代管理科学，2023 (02)：134-142.

[83] 杨兴宪，刘毅，牛树海. 区域创新系统研究的进展及展望 [J]. 地理科学，

2006 (02): 2251-2255.

[84] 杨晨，周海林．创新要素向企业集聚的机理初探 [J]. 科技进步与对策，2009，26 (17): 89-91.

[85] 张旭．产业转移与创新要素流动互动机理研究 [D]. 合肥：合肥工业大学，2016.

[86] 黄苹．不同活动类型技术创新单要素效率研究 [J]. 科研管理，2015，36 (11): 64-70.

[87] 陶长琪，徐茉．经济高质量发展视阈下中国创新要素配置水平的测度 [J]. 数量经济技术经济研究，2021，38 (03): 3-22.

[88] 戴魁早．中国高技术产业的 R&D 投入与生产率增长——基于行业层面和 Malmquist 指数的实证检验 [J]. 山西财经大学学报，2011，33 (03): 63-71.

[89] 宛群超，袁凌．创新要素流动与高技术产业创新能力 [J]. 科研管理，2021，42 (12): 80-87.

[90] 王钺，刘秉镰．创新要素的流动为何如此重要？——基于全要素生产率的视角 [J]. 中国软科学，2017 (08): 91-101.

[91] 白俊红，蒋伏心．协同创新、空间关联与区域创新绩效 [J]. 经济研究，2015，50 (07): 174-187.

[92] 凌华，李新伟，董必荣，等．互联网、创新要素流动与区域创新能力差异 [J]. 审计与经济研究，2020，35 (06): 115-126.

[93] 黄明凤，姚栋梅．研发要素流动、空间溢出效应与区域创新效率——基于省际面板数据的空间杜宾模型分析 [J]. 科研管理，2022，43 (04): 149-157.

[94] 王钺．研发要素流动是否促进了区域创新质量的空间收敛——基于城市舒适性的视角 [J]. 北京理工大学学报 (社会科学版)，2021，23 (03): 62-70.

[95] 陶长琪，周璇．要素集聚下技术创新与产业结构优化升级的非线性和溢出

效应研究［J］. 当代财经，2016（01）：83－94.

［96］韩军，孔令丞．创新要素流动与产业结构变迁关系及其空间溢出效应研究［J］. 科技进步与对策，2020，37（19）：59－67.

［97］常尚新．创新要素空间配置影响流通产业结构的升级路径——消费需求与制度变革的中介视角［J］. 商业经济研究，2020（10）：28－31.

［98］卓乘风，邓峰．创新要素区际流动与产业结构升级［J］. 经济问题探索，2018（05）：70－79.

［99］FUJITA M，THISSE J F. Does geographical agglomeration foster economic growth? and who gains and loses from it? ［J］. Japanese Economic Review，2003，54（2）.

［100］孙大明，原毅军．空间外溢视角下的协同创新与区域产业升级［J］. 统计研究，2019，36（10）：100－114.

［101］王林辉，赵星．要素空间流动、异质性产业集聚类型与区域经济增长——基于长三角和东北地区的分析［J］. 学习与探索，2020（01）：116－122.

［102］高丽娜，蒋伏心．创新要素集聚与扩散的经济增长效应分析——以江苏宁镇扬地区为例［J］. 南京社会科学，2011（10）：30－36.

［103］AUDRETSCH D B，FELDMAN M P. R&D spillovers and the geography of innovation and production［J］. The American Economic Review，1996，86（3）.

［104］BLOMSTRÖM M，KOKKO A. Multinational corporations and spillovers［J］. Journal of Economic Surveys，1998，12（3）.

［105］ALMEIDA P，KOGUT B. Localization of knowledge and the mobility of engineers in regional networks［J］. Management Science，1999，45（7）.

［106］MANAGI S，BWALYA S M. Foreign direct investment and technology spillovers in sub－Saharan Africa［J］. Applied Economics Letters，2010，17（6）.

［107］FILATOTCHEV I，LIU X，LU J，et al. Knowledge spillovers through human mobility across national borders: Evidence from Zhongguancun Science Park in China [J]. Research Policy, 2011, 40 (3).

[108] 白俊红，王钺，蒋伏心，等．研发要素流动、空间知识溢出与经济增长 [J]. 经济研究，2017，52 (07)：109-123.

[109] 于斌斌．产业结构调整与生产率提升的经济增长效应——基于中国城市动态空间面板模型的分析 [J]. 中国工业经济，2015 (12)：83-98.

[110] 朱于珂，高红贵，肖甜．工业企业绿色技术创新、产业结构优化与经济高质量发展 [J]. 统计与决策，2021，37 (19)：111-115.

[111] 邵汉华，钟琪．研发要素空间流动与区域协同创新效率 [J]. 软科学，2018，32 (11)：120-123，129.

[112] 肖周燕．人口迁移势能转化的理论假说——对人口迁移推-拉理论的重释 [J]. 人口与经济，2010 (06)：77-83.

[113] SOLOW R M. A contribution to the theory of economic growth [J]. The Quarterly Journal of Economics, 1956, 70 (1).

[114] SWAN T W. Economic growth and capital accumulation [J]. Economic Record, 1956, 32 (2).

[115] LEE B S, PENG J, LI G, et al. Regional economic disparity, financial disparity, and national economic growth: evidence from China [J]. Review of Development Economics, 2012, 16 (2).

[116] 许召元，李善同．近年来中国地区差距的变化趋势 [J]. 经济研究，2006 (07)：106-116.

[117] 戴德颐．基于资源异质性的南北经济发展差距研究 [J]. 技术经济与管理研究，2020 (01)：94-98.

[118] 许宪春，雷泽坤，窦园园，等．中国南北平衡发展差距研究——基于“中国平衡发展指数”的综合分析 [J]. 中国工业经济，2021 (02)：5-22.

[119] 牛树海，杨梦瑶．中国区域经济差距的变迁及政策调整建议 [J]. 区域经济评论，2020 (02)：37-43.

[120] 杨开忠．中国区域经济差异变动研究［J］. 经济研究，1994（12）：28－33，12.

[121] 覃成林，张华，张技辉．中国区域发展不平衡的新趋势及成因——基于人口加权变异系数的测度及其空间和产业二重分解［J］. 中国工业经济，2011（10）：37－45.

[122] 李文陆，张正河，王英辉．我国东中西部地区经济"S形"发展差距态势的实证分析［J］. 技术经济，2007（03）：88－92.

[123] 贺灿飞，梁进社．中国区域经济差异的时空变化：市场化、全球化与城市化［J］. 管理世界，2004（08）：8－17，155.

[124] JIAN T L，SACHS J D，WARNER A M. Trends in regional inequality in China［J］. China Economic Review，1996，7（1）.

[125] 毕学成，李力，李想．中国城市经济增长不平衡测度、分解与预测——基于"东西"与"南北"的对比研究［J］. 城市问题，2022（11）：74－83.

[126] 唐瑜，胡安俊．中国区域经济不平衡：特征事实、演变动力与长期影响［J］. 产业经济评论，2022（06）：86－104.

[127] 高志刚，克甝．中国省际区域经济差距演进及协调发展［J］. 区域经济评论，2020（02）：24－36.

[128] 杨明海，张红霞，孙亚男，等．中国八大综合经济区科技创新能力的区域差距及其影响因素研究［J］. 数量经济技术经济研究，2018，35（04）：3－19.

[129] 张红梅，李善同，许召元．改革开放以来我国区域差距的演变［J］. 改革，2019（04）：78－87.

[130] 安虎森，周江涛．影响我国南北经济差距的主要因素分析［J］. 经济纵横，2021（07）：28－38.

[131] 管卫华，林振山，顾朝林．中国区域经济发展差异及其原因的多尺度分析［J］. 经济研究，2006（07）：117－125.

[132] 陈虹，朱鹏珅．资本回报率对我国区域经济非均衡发展的影响［J］. 经济

科学，2015（06）：11－22.

［133］张治栋，吴迪．产业空间集聚、要素流动与区域平衡发展——基于长江经济带城市经济发展差距的视角［J］．经济体制改革，2019（04）：42－48.

［134］王小鲁，樊纲．中国地区差距的变动趋势和影响因素［J］．经济研究，2004（01）：33－44.

［135］李亚玲，汪戎．人力资本分布结构与区域经济差距——一项基于中国各地区人力资本基尼系数的实证研究［J］．管理世界，2006（12）：42－49.

［136］楚尔鸣，曹策．人才流动缩小了区域经济差距吗——来自技术转移的经验证据［J］．财经科学，2019（09）：99－112.

［137］陈林生，李止兮．中国区域增长差异变动的影响因素研究——基于2010—2020年数据［J］．云南财经大学学报，2023，39（08）：38－51.

［138］夏万军，余功菊．我国区域经济发展不平衡性研究［J］．安徽师范大学学报（人文社会科学版），2018，46（04）：111－121.

［139］吕承超，索琪，杨欢．“南北”还是“东西”地区经济差距大？——中国地区经济差距及其影响因素的比较研究［J］．数量经济技术经济研究，2021，38（09）：80－97.

［140］鲁万波，贾婧．高速铁路、城市发展与区域经济发展不平等——来自中国的经验数据［J］．华东经济管理，2018，32（02）：5－14，2.

［141］罗能生，田梦迪，杨钧，等．高铁网络对城市生态效率的影响——基于中国277个地级市的空间计量研究［J］．中国人口·资源与环境，2019，29（11）：1－10.

［142］白俊红，刘宇英．金融市场化与企业技术创新：机制与证据［J］．经济管理，2021，43（04）：39－54.

［143］BARRO R J，Sala－I－Martin X. Technological diffusion，convergence，and growth［J］. Journal of Economic Growth，1997，2（1）.

［144］姚枝仲，周素芳．劳动力流动与地区差距［J］．世界经济，2003（04）：35－44.

[145] 侯燕飞，陈仲常．中国“人口流动-经济增长收敛谜题”——基于新古典内生经济增长模型的分析与检验［J］．中国人口·资源与环境，2016，26（09）：11－19．

[146] 范红忠，李国平．资本与人口流动及其外部性与地区经济差异［J］．世界经济，2003（10）：50－61，80．

[147] 陈燕儿，白俊红．要素流动与区域经济差距［J］．现代经济探讨，2019（06）：6－13．

[148] 许召元，李善同．区域间劳动力迁移对地区差距的影响［J］．经济学（季刊），2009，8（01）：53－76．

[149] 钟文，郑明贵．数字经济对区域协调发展的影响效应及作用机制［J］．深圳大学学报（人文社会科学版），2021，38（04）：79－87．

[150] 李清华，何爱平．数字经济对区域经济协调发展的影响效应及作用机制研究［J］．经济问题探索，2022（08）：1－13．

[151] 刘伟丽，陈腾鹏．数字经济是否促进了共同富裕？——基于区域协调发展的研究视角［J］．当代经济管理，2023，45（03）：1－10．

[152] 程云洁，王佩佩．数字新基建对区域经济协调发展的影响研究［J］．技术经济与管理研究，2023（07）：109－114．

[153] 曲妍．内循环视角下数字经济对区域经济协调发展的影响［J］．商业经济研究，2023（19）：184－187．

[154] 张莉娜，吕祥伟．中国式财政分权、劳动力流动与区域经济增长［J］．经济问题探索，2021（06）：15－29．

[155] ACS Z J，ANSELIN L，VARGA A. Patents and innovation counts as measures of regional production of new knowledge［J］. Research Policy，2002，31（7）：1069－1085.

[156] FUJII H，MANAGI S，KANEKO S. Decomposition analysis of air pollution abatement in China：empirical study for ten industrial sectors from 1998 to 2009［J］. Journal of Cleaner Production，2013，59（18）：

22 - 31.

[157] 郭雅婷．生产性服务业 FDI 对我国技术溢出效应的研究［D］．长春：吉林大学，2016.

[158] 宋炜，周勇．创新要素流动、地方保护主义与空间知识溢出——来自 2000—2016 年中国省级的经验证据［J］．管理评论，2021，33（07）：107 - 119.

[159] 覃雄合，侯纯光，卢函，等．多空间尺度下知识溢出对中国研发活动效率的影响［J］．地理科学，2021，41（03）：380 - 386.

[160] 彭文斌，韩东初，尹勇，等．京津冀地区数字经济的空间效应研究［J］．经济地理，2022，42（05）：136 - 143，232.

[161] 李杰，王薇．数字经济赋能区域高质量发展的溢出效应研究［J/OL］．管理现代化，2024（02）：10 - 19［2024 - 04 - 29］．

[162] 谷彦芳，胡欣蕊，张航．数字经济发展对地方财政韧性的影响及空间溢出效应［J］．经济纵横，2024（03）：118 - 128.

[163] 李文君．数字经济发展对创新能力的空间溢出效应分析——基于省际面板数据的实证研究［J］．大连理工大学学报（社会科学版），2023，44（06）：23 - 32.

[164] 赵宸宇，王文春，李雪松．数字化转型如何影响企业全要素生产率［J］．财贸经济，2021，42（07）：114 - 129.

[165] 陈晓红．数字经济时代的技术融合与应用创新趋势分析［J］．中南大学学报（社会科学版），2018，24（05）：1 - 8.

[166] 韩先锋，宋文飞，李勃昕．互联网能成为中国区域创新效率提升的新动能吗［J］．中国工业经济，2019，（07）：119 - 136.

[167] 李健．数字经济、要素市场化与产业结构转型升级［J］．统计与信息论坛，2024，39（05）：31 - 44.

[168] 吴赢，张翼．数字经济与区域创新——基于融资和知识产权保护的角度［J］．南方经济，2021（09）：36 - 51.

[169] 何大安，任晓．互联网时代资源配置机制演变及展望［J］. 经济学家，2018（10）：63－71.

[170] 戚聿东，杜博，叶胜然．知识产权与技术标准协同驱动数字产业创新：机理与路径［J］. 中国工业经济，2022（08）：5－24.

[171] 张大为，黄秀丽，罗永华．数字经济发展与高端制造业绿色创新效率——基于空间溢出与门槛效应实证检验［J］. 管理现代化，2023，43（02）：161－168.

[172] 曹薇，董瑶，苗建军．区域知识产权保护网络演化机制研究［J］. 科技进步与对策，2020，37（10）：45－52.

[173] 刘强，李泽锦．产业结构升级与区域经济协调发展——来自省域与城市群的经验证据［J］. 经济学家，2022（08）：53－64.

[174] 黄艳，薛晨晖，周洪宇，等．中国高校科技创新对区域经济协调发展的影响及空间溢出效应［J］. 中国高校科技，2024（01）：96－102.

[175] 王志刚，李小梦，胡宁宁．数字经济对我国区域协调发展的影响研究——基于经济增长收敛视角的分析［J］. 城市问题，2024（01）：75－83.

[176] 国务院，"十三五"拓展网络经济空间，2016.03. https：//www.gov.cn/xinwen/2016－03/17/content_5054992.htm.

[177] 郭爱君，杨春林，张永年，等．数字经济产业发展对城市绿色创新效率的影响——基于两阶段价值链视角的分析［J］. 城市问题，2023，330（01）：49－59.

[178] 王军，詹韵秋．"五大发展理念"视域下中国经济增长质量的弹性分析［J］. 软科学，2018，32（06）：26－29.

[179] 邵帅，李欣，曹建华，等．中国雾霾污染治理的经济政策选择——基于空间溢出效应的视角［J］. 经济研究，2016，51（09）：73－88.

[180] 师博，任保平．中国省际经济高质量发展的测度与分析［J］. 经济问题，2018（04）：1－6.

[181] 李金昌，史龙梅，徐蔼婷．高质量发展评价指标体系探讨［J］. 统计研究，

2019，36（01）：4－14.

［182］徐辉，师诺，武玲玲，等．黄河流域高质量发展水平测度及其时空演变［J］. 资源科学，2020，42（01）：115－126.

［183］杨耀武，张平．中国经济高质量发展的逻辑、测度与治理［J］. 经济研究，2021，56（01）：26－42.

［184］华坚，胡金昕．中国区域科技创新与经济高质量发展耦合关系评价［J］. 科技进步与对策，2019，36（08）：19－27.

［185］杨沫，朱美丽，尹婷婷．中国省域经济高质量发展评价及不平衡测算研究［J］. 产业经济评论，2021（05）：5－21.

［186］杨丽，孙之淳．基于熵值法的西部新型城镇化发展水平测评［J］. 经济问题，2015（03）：115－119.